MILADA A ERICH EINHORNOVI
ZLATÁ PRAHA

PANORAMA
PRAHA 1989

Ani Seina v Paříži, ani Tibera v Římě nejsou mezi svými domy a ve svých nábřežích tak milostně půvabné, jako je Vltava. A přitom, důstojná a vážná, uplývá kolem pražských ostrovů, míjí Kampu a svahy Petřína a padajíc do jezů utiší se vzápětí pod okny Malé Strany a Hradčan, které, ač stále neměnné, mění neustále pod střechami svá světla a své barvy.

Škoda jen, že hrabivé ruce i žalostné neporozumění pokazily tak mnohé na jejích březích. Proč jen ti, kteří je upravovali, neponechali alespoň některé části nábřeží nezastavěny. Pro děti a pro stromy, pro květiny a pro dívky a pro nás všechny, kteří se díváme přes železné zábradlí, jak míjí voda a čas. Proč jen bylo v minulých letech znovu a znovu ukusováno z té podivné cizí krásy starého Židovského hřbitova? Proč postupem času bylo demolováno Židovské město, aby v jeho prohlubni nastavěny byly domy, na které se dnes díváme s nelibostí? Jaká úžasná podívaná pro nás i pro celý svět byla by tu dnes pod gotickými stříškami tohoto města, které tu bylo rozloženo u řeky a na dosah jiné čtvrti, ovšem mnohem chudší a proletářštější: Františku, schoulenému pod černý řeholní plášť Anežčin.

Ale co je pryč, je pryč. Praha i po mnohé devastaci zůstala

1/ Staroměstské věže z Kampy <<<

2/ Malostranské střechy a Pražský hrad <<

3/ Kamenný portrét z malostranské mostecké brány <

jedním z nejkrásnějších měst a její úděl – lásku celého národa – mohou jí závidět mnohá města, větší a bohatší.

Stojíme u Smetanova muzea, před námi jako by Karlův most překračoval proud řeky. Na jeho ledolamech, potřísněných bílým ubrusem, posedávají rackové. Do jezu, který hučí pod nohama, můžeme si říkati slova básníkova. Jsou tu, díváme-li se na protější břeh, docela na místě:

Praha je jistě krásné město, zvláštního teskného zčernalého kouzla, staré temné nálady, archaistické, zalehlé a zaleslé vůně. Město, které každého, kdo je nazírá z asociace historické, může dojmout jen elegicky, šedí a plísní a stíny, smytými, spršelými barvami, rozrytým černým zdivem, tichými zamlklými nádvořími paláců, kde jindy zpívala fanfára života, pustými náměstími historických názvů a historických dat, kde mezi opláchlými kameny pučí dnes špičky bledé trávy. Teskný, přidušený smutek, vybledlé vůně a rozprchlá barva – takové jsou ty akcenty, jež musí cítit každý z Prahy skutečně staré a umělecké, – a ty akcenty sahají právě nejhlouběji myslícímu a cítícímu člověku do duše.

Sedmdesát let téměř uplynulo od chvíle, kdy byly tyto řádky napsány. Psal je F. X. Šalda a nezáleží již při jaké příležitosti. Od těch dob běžela ulicemi města dlouhá léta. Někdy v rychlém poskoku veselého kankánu, jindy zvolna a těžce, jako chodí bouřka po střechách, když její ohnivé čáry omotávají věže.

Přešly dvě velké války. Ta první do ulic města nedolehla. Ta druhá si vybrala Prahu pro poslední scénu svého posledního aktu. Ani ta druhá – máme-li ovšem na mysli osud jiných velkých měst – neskončila pro město tragicky. Ale smrt, ta, kterou tak dobře známe ze Staroměstského orloje, kde trpělivě po staletí vyzvání, byla tu hostem věru až příliš častým. Dokud kolem odstraněných barikád neprojely sovětské tanky, neskončilo utrpení českých lidí. A tak k obdélníku na dlažbě Staroměstského náměstí, který vyznačuje, kde stálo popravčí lešení v roce 1621, přibylo stero míst, kde umírali v roce 1945 naši lidé se zbraněmi v rukou i zákeřně zabíjeni prchajícími okupanty. A tato čerstvá historie, která se ovšem nespokojila se středem města, ale rozběhla se do všech i nejzazších předměstí, poznamenala město navždy, určuje novou, truchlivou atmosféru míst, která dlouho zůstane s nimi. A mnohdy všedním zdem přidala smutnou krásu prolité krve. A tak nová fanfára života zazpívala nejen v tichých koutech a nádvořích historických částí, ale naplnila pak celé město až po jeho okraje.

Není pochyby, že tento vpád nových revolučních forem do starých kadlubů dřívějších životů ani nemůže a často ani nechce být snadný a hladký. Ale právě tak je jisté, že chceme-li zajistit budoucnost starých památek, nutno je naplnit ihned novým dnešním životem, a tak je vřadit, s ohleduplností ovšem, do vířivé skutečnosti našeho života. Jinak by v každém zahledění do historie bylo jen spočinutí bez tvůrčího vznětu i pohybu. Vždyť ticho, klid a prach jsou znamení zmaru.

Nuže dobře. Je tedy nutno vzpomenout: Jestliže byl kdysi Řím prvním městem světa, Praha, sídlo římského císaře, byla tehdy, když na Pražském hradě vládl Karel IV., místem co do významu druhým. Tam papež, hlava církve, v Praze římský císař, první představitel světské moci v tehdejším světě. A tak kočáry a koně cizinců vířily prach cest směřujících do Prahy. A bylo tehdy samozřejmé, že císař se musel postarat, aby se toto město, dříve v evropských dějinách významu podružného, zaskvělo doslova zlatem, stříbrem a drahokamy. Chrámy a most, které postavil a kterým nebylo v okolním světě podobných, stojí podnes.

Ovšem pro nás byla Praha odevždy první a téměř výlučnou scénou našich dějin, městem všech velikých událostí, radostných a truchlivých. Štěstí, neštěstí, pohoda i nepřízeň vycházely z pražských dveří.

Od časů, kdy se krajina kolem města stala sídlištěm bohatého a mocného kmene, přes knížecí stolec až k pozlacenému trůnu královskému, byla to vždy Praha, která byla místem těchto dějin, namnoze dramatických. A jestliže přes mnohé a bolestné peripetie dospěl pohnutý vývoj událostí až k prostému pracovnímu stolku prezidenta, byla to vždy opět Praha, jednou pokořená a zneuctěná, jindy šťastná a radostně se vzmáhající, která byla scénou těchto dějů.

Ale vraťme se k panoramatu města, které se rozvinuje po celé délce nábřeží od Palackého pomníku až k Domu umělců. Zeleň, řeka, i oblaka jsou rameny rámu tohoto obrazu, který mnozí vítají denně a jsou znovu přístupni překvapivému úžasu.

Toto prazvláštní skupenství domů, věží, kouře, ticha i hudby nemá obdoby ve své jedinečnosti. Gotika i renesance, baroko i trosky rokoka v této kompozici splývají v úchvatný celek. Ten či onen dům musel být postaven právě tam, kde stojí, ta či ona střecha musela být zvednuta, aby detail se nám zdál ve své dokonalosti téměř samozřejmý. Dodnes se nestačíme podivovat velkolepému chrámu Dienzenhoferovu s přilehlou věží Luragovou. Tito umělci nad spletí malostranských ulic a náměstí postavili jeden z nejpozoruhodnějších chrámů. Jeho kopule a přilehlá věž s překvapivou nápadností šťastně porušují klasicistní frontu hradních křídel, trochu mechanicky spojených v druhé polovině osmnáctého století. Jako by tu někdo vodil ruce mistrů i prostých řemeslníků, kteří vázali jen krovy domů k této po staletí vršené a historií improvizované kráse.

Jdeš Prahou jako vinobraním staletí . . . spustil zpěvák našich dní, aby očarován pokračoval ve své písni o městě.

Už dávno byl stržen, rozstříhán a přetaven zlatý plech, kterým dal pokrýt Karel IV. střechy svého Hradu, ale jméno zlatá městu již zůstalo. Postáváme tu pod pilíři a fiálami císařova díla a rozhněvaní chrliči otvírají na nás své chřtány. Z jejich zubů dříve vytékala voda, která předtím spláchla již měsíční svit se střech chrámu. Vycházíme z nádvoří a díváme se na město položené tak vzdušně a bez tíhy do zeleného hedvábí zahrad. A tam kdesi dole na řece se ozývá hudba.

JAROSLAV SEIFERT

4/ Daleké výhledy z Petřína

5/ Pražský hrad nad Karlovým mostem

6/ Zákoutí v Kinského zahradě

7/ Majestát věků

8/ V Hroznové ulici na Kampě

9/ Dlátková střecha malostranské mostecké věže

Ни Сена в Париже, ни Тибр в Риме не протекают среди своих домов и своих набережных с такой негой, как Влтава. И при этом, достойная и серьезная, она омывает пражские острова, минует Кампу и откосы Петршина и, перешагнув плотину, сразу же стихает под окнами Малой Страны и Градчан, которые, оставаясь неизменными, постоянно меняются в своем освещении и своих красках.

Жаль только, что жадные руки и печальные недоразумения столь многое исказили на ее берегах. Почему бы тем, кто заботился об их оформлении, не оставить хотя бы часть набережных без застройки? Для детей и деревьев, для цветов и девушек и для нас для всех, кто, склонившись над чугунным парапетом, смотрит, как течет вода и время.

Но, что было, то прошло. Несмотря на столько разрушений Прага продолжает оставаться одним из красивейших городов, а ее судьбу — всенародную любовь — ей могут позавидовать многие, куда более крупные и богатые города.

Если остановиться у Музея Б. Сметаны, то можно увидеть, как Карлов мост перешагивает через течение реки. На его ледорезах, запятнанных белой скатертью пены, располагаются чайки. Под ногами шумит плотина и под этот шум хорошо повторять слова поэта. Слова эти — стоит глянуть на противоположный берег — звучат здесь очень к месту:

«Прага действительно красивый город, со своеобразным тоскливым и почерневшим очарованием, со старинным и темным настроением, с архаическим, забытым и затаенным ароматом . . . Тоскливая, приглушенная печаль, поблекший аромат, рассеянные краски — каждый ощущает эти акценты действительно древней и художественной Праги, и именно акценты глубже всего проникают в душу мыслящего и чувствующего человека».

Почти семьдесят лет прошло с тех пор, когда были написаны эти строки. Написал их Ф. Кс. Шальда и не важно, по какому случаю. С тех пор многие годы прошли по улицам Праги. Иногда — в ритме веселого канкана, иногда — медленно и тяжело, как идет гроза по крышам, когда ее огненные нити обматывают башни.

Прошли две большие войны. Первая не коснулась улиц города. Вторая предопределила Праге стать последней сценой ее последнего действия. Но даже эта вторая — если учесть судьбу других крупных городов — не завершилась для города трагически. Однако Смерть, которую мы так хорошо знаем по Староместским курантам, где она веками звонит в колокол, Смерть эта была здесь, и правда, частым гостем. Страдание чешского народа кончилось лишь тогда, когда возле отстраненных баррикад проехали советские танки. И вот к прямоугольнику на мостовой Староместской площади, которым помечено место, где в 1621 году стоял эшафот, прибавилось множество других мест, где в 1945 году умирали наши люди с оружием в руках или были вероломно убиты убегающими оккупантами. И эта недавняя история, которая, однако, коснулась не только центра города, но и всех самых далеких окраин, наложила на город свою вечную печать, придала новую скорбную атмосферу этим местам. А многие обычные стены одарила печальной красотой пролитой крови. И новые фанфары жизни прозвучали не только в тихих уголках и дворах исторической части города, но наполнили всю Прагу до самых краев.

Естественно, что подобное вторжение новых революционных форм в старые шаблоны прошлых жизней не бывает, а часто и не должно быть легким и гладким. Но столь же непреложно и то, что если мы хотим обеспечить будущее древним памятникам, их необходимо сразу же наполнить новой современной жизнью и включить их — конечно, со всей деликатностью, — в бурлящий поток нашей действительности. В противном случае любое обращение к истории превратилось бы лишь в остановку без творческого подъема и движения. Ибо тишина, покой и пыль всегда были признаком гибели.

Ну, хорошо. Следовало бы вспомнить: Рим был когда-то первым городом мира; Прага, резиденция императора римского в те времена, когда на Пражском Граде восседал Карл IV, была, следовательно, по своему значению городом вторым. В Риме — папа, глава церкви, в Праге — римский император, первый представитель светской власти. И конечно кареты и кони чужеземцев поднимали пыль дорог, ведущих в Прагу. И считалось тогда естественным, что император должен был позаботиться о том, чтобы этот город, в прошлом, в контексте европейской истории, второстепенный по своему значению, в буквальном смысле слова засверкал золотом, серебром и драгоценными камнями. Храмы и мост, которые тогда были возведены и равных которым не было в окружающем мире, стоят и по сию пору.

Однако для нас Прага всегда была прежде всего первой и за редким исключением единственной сценой нашей истории, местом всех великих событий, радостных и печальных. Счастье, горе, благодать и неблагосклонность судьбы начинали свой путь от пражских ворот.

Начиная со времен, когда на месте будущего города возникло поселение богатого и сильного племени, когда здесь был княжеский престол, а позднее королевский позолоченный трон, Прага всегда оставалась местом исторических событий, часто драматических. И когда после многих и часто болезненных перипетий бурный ход истории привел к замене трона рабочим столом президента, опять-таки Прага, то покоренная и униженная, то счастливая и радостно расправляющая крылья, была сценой всех этих перемен.

Но вернемся опять к панораме города, простирающейся вдоль всей набережной: от памятника Палацкому к дому работников искусств. Зелень, река и облака — вот рама этой картины, которую многие видят ежедневно, и все же вновь и вновь способны ей восторженно изумляться.

Это исключительное сочетание домов, башен, дыма, тишины и музыки в своей исключительности не имеет себе равных. Готика и Ренессанс, барокко и осколки рококо сливаются в этой композиции в одно захватывающее целое. Тот ли, другой ли дом должны были возникнуть там, где они и стоят, и та, и другая крыша должны были возвыситься так, чтобы деталь эта, благодаря своему совершенству, казалась нам само собой разумеющейся. По сей день мы продолжаем восхищаться великолепным храмом Динценгофера и примыкающей к нему башней Лураго. Над сплетением малостранских улочек и площадей эти два архитектора возвели один из самых удивительных храмов. Его купол и башня необычно и удачно нарушают классицистический ряд дворцовых построек, соединенных несколько механически во второй половине восемнадцатого века. Точно кто-то вдохновлял руки мастеров и простых ремесленников, которые вплетали кровли домов в эту веками нагромождаемую и историей импровизированную красоту.

Уже давно сорван, разрезан и переплавлен золотой лист, которым по велению Карла IV были покрыты крыши его Града, но название «злата» сохранилось за городом. Мы стоим здесь под его опорами и фиалами, и разгневанные химеры водостоков открывают на нас свои пасти. С их зубов когда-то стекала вода, смывшая еще до этого лунный свет с крыш храма. Выходим со двора и смотрим на город, так воздушно и невесомо возложенный на зеленый шелк садов. И там, где-то внизу, на реке, слышится музыка.

ЯРОСЛАВ СЕЙФЕРТ

Weder die Seine in Paris noch der Tiber in Rom, strömen so lieblich und reizvoll zwischen den Häusern und Kais dahin wie die Moldau in Prag. Dabei fließt sie voll Würde und Ernst an ihren Inseln vorbei, die Kampa und den Laurenziberg entlang, stürzt rauschend über die Wehre und beruhigt sich alsbald unter den Fenstern der Kleinseite und des Hradschin, die – obgleich stets unverändert – ihre Lichter und Farben wechseln.

Doch wie schade, daß Habgier und schmerzvolles Unverständnis so viel an ihren Ufern verdorben haben. Warum wurden nicht zumindest Teile der Kais unverbaut belassen – für Kinder, Blumen und Mädchen, für alle, die es lieben, durch die eisernen Geländer zu schauen, wie Wasser und Zeit vorüberfließen. Warum mußte in vergangenen Jahren Stück um Stück der seltsam fremdartigen Schönheit des Alten jüdischen Friedhofs daran glauben, und warum wurde im Laufe der Zeit die ganze ehemalige Judenstadt demoliert und an ihrer Stelle Häuser errichtet, die uns heute so mißfallen? Welch wunderbaren Anblick böten uns und aller Welt heute die gotischen Giebel der Altstadt, die hier ausgebreitet lag und an ein anderes altes Viertel, Na Františku genannt, grenzte, das viel ärmer und proletarischer war und sich in die Falten der Ordenstracht der Seligen Agnes kuschelte.

Das ist vorüber und vorbei. Trotz vieler zerstörender Eingriffe ist Prag eine der schönsten Städte geblieben, und um die ihr dargebrachte Achtung und Liebe des ganzen Volkes könnte sie so manche größere und reichere Stadt beneiden.

Wir stehen beim Smetana-Museum, vor uns die Karlsbrücke, die den Flußlauf gleichsam überschreitet. Auf ihren mit weißem Schaum besprühten Wehren sitzen Möwen. Wenn wir von hier aus auf das gegenüberliegende Ufer blicken, sprechen wir die Worte des Dichters nach: Prag, die wunderschöne Stadt, besitzt einen bangen, düsteren Zauber, dunkle, archaische, verhaltene und beklemmende Stimmungen; eine tiefe, gedämpfte Trauer, verblichene und versprengte Farben und Düfte – dies sind die

Akzente, welche das wirklich alte, künstlerisch vollendete Prag vermittelt, Akzente, die jedem feinfühligen und tiefblickenden Menschen an die Seele greifen.

Diese Worte schrieb der berühmte F. X. Šalda vor fast 70 Jahren.

Viele Jahre haben seither die Straßen der Stadt durchlaufen. Zuweilen in beschwingtem Tanzschritt, ein andermal langsam und schwerfällig wie ein Gewitter über die Dächer hinwegschreitet, dessen feurige Linien sich um die Türme winden.

Zwei große Kriege sind vorbeigegangen. Vom ersten wurden die Straßen der Stadt verschont. Der zweite machte Prag zum Schauplatz der Schlußszene seines letzten Aktes. Doch wenn wir uns das Schicksal anderer Großstädte vergegenwärtigen, endete auch dieser Krieg für die Stadt nicht tragisch. Aber der Tod, der uns mit seinem Sterbeglöckchen schon seit Jahrhunderten von der Altstädter Rathausuhr herunter geduldig ermahnt, war auch hier ein nur allzu häufiger ungebetener Gast. Und die Leiden der Tschechen endeten erst dann, als die sowjetischen Panzer an den schnell entfernten Barrikaden entlangrollten. Und so gesellten sich zu dem Rechteck auf dem Altstädter Ring, das den Platz bezeichnet, wo im Jahre 1621 das Blutgerüst stand, weitere Stätten hinzu, wo im Jahre 1945 unsere Mitbürger mit der Waffe in der Hand den Tod fanden oder von den fliehenden Okkupanten meuchlings ermordet wurden. Diese neuere Geschichte blieb nicht auf den Stadtkern beschränkt, sondern erfaßte auch die Vorstädte, prägte allen Stadtvierteln ihren Stempel auf und kennzeichnete sie mit einer neuen düsteren Atmosphäre, die ihnen lange anhaften und das hier vergossene Blut in Erinnerung bringen wird. Und so ertönten die Fanfaren neuen Lebens nicht nur in den stillen Winkeln und Höfen der Altstadt, sondern erfüllten mit ihren Klängen die ganze Stadt bis an den Rand.

Ohne Zweifel vollzog sich dieses Eindringen neuer revolutionärer Ideen in die alten Lebensformen nicht leicht und reibungslos. Aber ebenso gewiß müssen die alten Denkmäler – zur Sicherung für die Zukunft – sofort mit neuem Leben erfüllt werden, um sie in die stürmische Wirklichkeit unseres neuen Lebens zu integrieren. Sonst bliebe jedes Zurückschauen in die Geschichte nichts anderes als ein Verharren in der Vergangenheit, ohne schöpferische Impulse und Fortschritt. Denn Ruhe, Stille und Staub sind Zeichen des Verfalls.

Nun gut. Wenn wir uns erinnern, war Rom einst die erste Stadt der Welt und Prag, als Sitz des römischen Kaisers, da auf der Prager Burg Karl IV. regierte, an Bedeutung die zweite. Dort in Rom der Papst, das Oberhaupt der Kirche, in Prag der Kaiser, der höchste Vertreter der weltlichen Macht in der damaligen Welt. Und so zielten die fremden Kutschen und Reiter auf allen Straßen in Richtung Prag. Und es war natürlich, daß der Kaiser dafür sorgte, diese bis dahin in der europäischen Geschichte zweitrangige Stadt mit Gold, Silber und Edelsteinen zu schmücken; die Kathedralen und die Brücke, die er damals errichten ließ und die in der ganzen übrigen Welt nicht ihresgleichen hatten, stehen bis heute.

Für uns war Prag freilich von jeher die erste und fast alleinige Szene unserer Geschichte, die Stadt der großen, sei es freudigen, sei es traurigen Ereignisse. Glück und Unglück, Ruhe und Unbill kamen durch die Tore Prags.

Seit den Zeiten, da die Umgebung der Stadt von einem reichen und mächtigen Stamm besiedelt wurde, über die Jahre der Fürstenherrschaft bis zu dem vergoldeten Königsthron, war Prag immer der Mittelpunkt dieses oft dramatischen Geschehens. Und als der bewegte Lauf der Geschehnisse dann über zahlreiche, oft schmerzliche Peripetien zum einfachen Arbeitstisch von Präsidenten hinführte, war wiederum Prag, zuweilen gedemütigt und geschändet, ein andermal glücklich und in freudigem Aufschwung begriffen, Schauplatz der wichtigsten Ereignisse.

Aber kommen wir zum Panorama der Stadt zurück, das sich entlang der Kais vom Palacký-Denkmal bis hin zum Künstlerhaus

24

entfaltet. Den Rahmen dafür bilden Grünanlagen, die Moldau und die Wolken darüber ... viele von uns sehen dieses Bild täglich und sind doch immer wieder staunend überrascht, denn diese einmalige Gruppierung von Häusern, Türmen, Rauchfängen, von Schweigen und Musik hat nirgendwo ihresgleichen. Gotik und Renaissance, Barock und Reste von Rokoko verschmelzen in dieser Komposition zu einem hinreißenden Ganzen. Dieses oder jenes Haus mußte unbedingt gerade dort errichtet werden, dieses oder jenes Dach sich so und nicht anders wölben, damit jedes Detail in seiner Vollkommenheit geradezu selbstverständlich wirke. Noch heute bewundern wir den großartigen Dom von Dientzenhofer mit seinem Turm von Lurago, der aus dem Gewirr der Kleinseitner Gäßchen emporragt. Seine Kuppel und der daneben stehende Turm durchbrechen auf überraschend einfallsreiche Weise die etwas mechanisch um die Mitte des 18. Jahrhunderts entstandene klassizistische Form der Burgflügel. Als hätte eine höhere Macht die Hände der Baumeister und Handwerker geführt, die nur die Dachstühle der Häuser zu dieser durch Jahrhunderte gestalteten und von der Geschichte inspirierten Schönheit zusammenfügten.

Die goldenen Blechplatten, mit denen Karl IV. die Dächer seiner Burg decken ließ, sind längst abgerissen und umgeschmolzen, aber der Name der Goldenen Stadt blieb Prag erhalten. Wir stehen vor den kunstvoll gestalteten Pfeilern und Fialen des Doms, unter den drohend aufgerissenen Rachen der Wasserspeier. Das zwischen ihren gefletschten Zähnen hervorfließende Wasser hat schon zuvor den Mondschein von den Dächern gespült ... Wir durchqueren den Hof und blicken auf die Stadt hinab, die luftig und gleichsam schwerelos im seidigen Grün der Gärten schlummert. Tief unten am vorbeiströmenden Fluß erklingt Musik ...

JAROSLAV SEIFERT

Winding their way past houses and embankments, neither the Seine in Paris nor the Tiber in Rome are as graciously charming as the Vltava. At the same time, the Vltava is dignified and solemn, flowing past Prague's islands, lapping the Kampa and the slopes of Petřín hill, but stilling instantly as it falls into the weirs below the windows of the Lesser Town and Hradčany which, though themselves are ever unchanged, constantly change the lights and the colours beneath their roofs.

More is the pity that greedy hands and woeful misunderstanding wreaked so much damage on its banks. Why didn't those who altered the banks leave at least some parts of them untouched? For children and for trees, for flowers and for young girls, and for all of us who look beyond the iron railings watching the water and time pass by. Why in years past was the strange, alien beauty of the old Jewish Cemetery slowly eaten away again and again? Why, with the passing of time, was the Jewish Town torn down in order to build in its innards houses that we now look upon with distaste? What a sight it would have been for us, and for the whole world, to have had today the Gothic-roofed town that once stretched out along the river, extending to another little quarter, of course, much poorer and more proletarian: František, curled up under the black cope of St Agnes.

But what has gone, has gone. Even after so much devastation, Prague still remains one of the most beautiful places and its fate – the love of the whole nation – can be the envy of many bigger and richer cities.

We are standing by the Smetana Museum. Before us, Charles Bridge seems to be moving with the tide. Seagulls perch upon the snow-covered ice-floes. Below us is a thundering weir into whose waters we may repeat F. X. Šalda's poetic words. Indeed, these words are perfectly fitting as we gaze across the river to the opposite bank.

"Prague is certainly a beautiful town, of special wistful blackened magic, old, of a sombre mood, an archaic, heavy and daunting scent . . . Melancholy, a pensive sadness, faded fragrance and diffused colour – such are the accents that everyone must feel from truly old and artistic Prague – and these accents are the ones that reach deepest into the soul of every thinking and feeling person."

Nearly seventy years have passed since these words were set down by F. X. Šalda and it no longer matters for what occasion they were intended. Since that time many years have raced through the streets of the city. Sometimes in the fast leap of the merry cancan, at other times slowly and heavily like a storm thundering on roofs when its fiery flashes enwreathe the spires.

Two great wars have come and gone. The first did not reach the city streets. The second chose Prague as the last scene of its final act. Not even this second – if one bears in mind the fate of other large cities – ended tragically for the city. But death, the one we know so well from the Old Town astronomical clock, which patiently sounded its knell for centuries, was a guest and an all too frequent one. Not until the Soviet tanks drove through the cleared barricades did the sufferings of the Czech people end. And so to that rectangle on the paving stones of the Old Town Square, marking the spot where the executioners' platform was built in 1621, hundreds of places were added where our people died in 1945 with guns in hand, or were treacherously killed by the fleeing occupiers. It is this all-too-recent history which, of course, did not confine itself to the city centre, but spread out in all directions even to the most far-away suburbs, that has marked the city forever, determining the new, mournful atmosphere which will long linger in these places. Many an ordinary wall has taken on the sad beauty of spilt blood. The new fanfare of life resounded not only in the quiet nooks and courtyards of its historical parts, but filled the whole city to its very periphery.

There can be no question that this invasion of new revolutionary forms into the old moulds of earlier lives cannot be, and often does not wish to be, easy and smooth. In the same way it is equally certain that if we want to ensure the future of old landmarks, we must fill them at once with the new in our present life and thus incorporate them, sensitively of course, into the turbulent reality of today. Otherwise every glance backward into history would only be a halt without creative impulse and movement. For are not silence, calm and dust the marks of ruin?

Well, then, it should be remembered: If Rome was once the world's first city, then Prague, the seat of the Holy Roman Emperor, when Charles IV reigned at Prague Castle, was the second in importance. In the first the Pope, the head of the Church – then in Prague the Roman Emperor, the first representative of secular power in the world of that day. So the carriages and horses of foreigners left columns of dust behind on the roads leading to Prague. And it was quite natural then that the Emperor had to be sure that this town, of only minor importance earlier in European history, should shine literally with gold, silver and precious stones. The churches and the bridge he built – without equal in the world around him – stand to this day.

Since time immemorial, Prague has been for us the first and almost exclusive scene of our history, the site of all great events, joyful and sad. Happiness, unhappiness, fortune and misfortune have stepped out of Prague's doorways.

Ever since the area around the town became the settlement of a rich and powerful tribe, through its time as a princely seat up to the gilded royal throne, it was always Prague that was the scene of this history, very often dramatic. And if, through many and painful turns of history, the impulsive course of events led as far as the simple desk of the president, then once again it was Prague, at times humbled and ravished, and at other times happy and joyfully lifting itself up, which was the scene of these events.

But let us go back to the panorama of the city unfolding along the whole length of the embankment – from the Palacký monument to the House of Artists. Greenery, the river, even the clouds form the parts of the frame of this picture which many people view daily, but are still susceptible to astonishment each time.

This singular grouping of houses, towers, smoke, serenity and music has no parallel in its uniqueness. Gothic and Renaissance, baroque and the remnants of rococo blend together into an exquisite whole in this composition. This or that house simply had to be built just where it stands, this or that roof had to be raised so that the detail seemed to us to be almost the most natural thing of all in its perfection. To this day we cannot get over our amazement at Dienzenhofer's marvellous cathedral with Lurago's adjacent tower. These artists built one of the most remarkable churches towering over the maze of the Lesser Town streets and squares. Its dome and tower happily break up with surprising ingenuity the classicist façade of the castle wing, joined somewhat mechanically in the second half of the eighteenth century. It is as though someone guided the hand of masters and simple craftsmen who merely added the rafters of houses to this historically improvised beauty built up over the centuries . . .

The golden roofing that Charles IV used to cover his castle has long since been torn down, cut up and melted, but the name golden city remained. We stand here under the pillars and pinnacles of the Emperor's work and the angry gargoyles gape down at us. In earlier times, water poured from their maws after rinsing the moonlight from the roofs of the cathedral. We come out of the courtyard and survey this city situated so lightly and weightlessly in the green silk of its gardens. And from somewhere down below, by the river, comes the sound of music.

JAROSLAV SEIFERT

Ni la Seine à Paris ni le Tibre à Rome n'ont entre les quais et les maisons autant de grâce et de tendresse que la Vltava. Et pourtant, elle coule noble et grave, longeant les îles, dépassant Kampa et les versants de Petřín, écumant dans des chutes pour se calmer aussitôt sous les fenêtres de Malá Strana et de Hradčany, immuables sous leurs toits dans les perpétuelles variations de la lumière.

Quel dommage seulement que des mains rapaces et des âmes insensibles aient gâté tant de choses sur leurs rives. Pourquoi n'y a-t-on pas laissé, entre les maisons, des espaces libres pour les enfants et pour les arbres, pour les fleurs et pour les jeunes filles, et pour nous tous qui, appuyés sur le parapet, regardons s'écouler et les eaux et le temps. Pourquoi a-t-on entamé cette beauté étrange et étrangère du vieux cimetière juif? Fallait-il anéantir morceau par morceau la Ville juive et combler ensuite le gouffre laissé par les démolitions avec des maisons que nous voyons maintenant sans plaisir? Quel spectacle merveilleux ce serait aujourd'hui pour nous, et pour le monde, sous ses toits gothiques que cette ville qui s'étendait ici, sur la berge de la rivière, aux confins d'un autre quartier également pittoresque, mais plus pauvre et plus prolétaire, le quartier de Saint-François, blotti sous la bure noire de la bienheureuse Agnès.

Ce qui n'est plus n'est plus. Prague a survécu à toutes les dévastations et demeure pourtant l'une des plus belles villes du monde. Ce qu'elle a reçu en partage – l'amour de toute une nation – bien des capitales autrement grandes et riches peuvent lui envier.

Nous nous sommes arrêtés près du musée Smetana, devant nous le pont Charles semble enjamber le cours de la rivière. Des mouettes se posent sur ses brise-glaces blanchissant d'écume. Si nous dirigeons notre regard sur la rive opposée, le bruit de l'eau qui tombe à nos pieds évoque les paroles du poète. Il parlait d'une ville enveloppée d'un charme étrange, mélancolique et obscurci, baignant dans une atmosphère antique et sombre, respirant un parfum archaïque et éteint . . . Une tristesse étouffée, un parfum effacé et une couleur qui s'évapore, tels sont les accents du vieux Prague, celui de l'art et de l'histoire, accents qui atteignent l'homme au plus profond de son âme.

Près de soixante-dix ans nous séparent du moment où F. X. Šalda écrivit ces lignes. Peu importe à quelle occasion. Le temps a passé dans les rues de la ville. Parfois dansant allègrement au rythme d'un cancan, parfois se traînant lent et lourd, comme un orage lorsqu'il glisse sur les toits, sa chevelure embrasée fouettant les tours.

Deux grandes guerres eurent lieu. La première voulut éviter la ville. La seconde la choisit pour la scène ultime de son dernier acte. En comparaison avec le sort de tant d'autres métropoles, cet épisode ne se termina pas ici en tragédie. Pourtant la mort, figurine familière qui sonne patiemment depuis des siècles la cloche de l'horloge de la Vieille Ville, y fit des visites par trop fréquentes. Et la souffrance des Tchèques ne prit fin qu'avec le passage des chars soviétiques autour des barricades enlevées. Au rectangle qui, dans le pavé de la place de la Vieille Ville, signale l'endroit où en 1621 se dressa l'échafaud, vinrent alors s'ajouter des centaines d'autres plaques indiquant les lieux où, en 1945, des citoyens sont morts les armes à la main ou lâchement tués par des occupants en fuite. Et cette histoire récente ne s'inscrit plus seulement au centre de la cité, elle gagna la banlieue la plus éloignée, marquant à jamais la ville entière de la sombre beauté du sang versé. Et puis la sonnerie nouvelle du clairon de la vie remplit Prague jusqu'au bord.

Évidemment, l'irruption des formes révolutionnaires dans des moules façonnés par des vies anciennes ne peut, et souvent même ne veut pas être simple et facile. Mais il est également certain que si nous voulons assurer l'avenir aux monuments de notre passé, nous devons y laisser entrer le souffle de l'époque actuelle, avec respect bien sûr, et leur donner ainsi la place dans le tourbillon de notre monde. Les vouloir conserver dans leur histoire serait renoncer à l'élan créateur et au mouvement. Et le silence, la paix et la poussière annoncent la mort.

Il convient cependant de rappeler des faits historiques. Si, au temps de Charles IV, Rome fut la première ville du monde, Prague, siège du pouvoir impérial, arrivait au deuxième rang. A Rome, le pape, chef de l'Eglise, à Prague, l'empereur romain, suprême autorité temporelle. Ainsi les équipages et les chevaux avec leurs cavaliers soulevaient des nuages de poussière sur les routes menant à Prague. Et l'empereur se mit en devoir de parer d'or, d'argent et de pierres précieuses cette ville jusqu'alors d'importance secondaire dans l'histoire de l'Europe. Les églises et le pont qu'il fit bâtir, et qui alors n'avaient pas leur égal, sont toujours debout.

Pour nous autres Tchèques cependant, Prague a représenté, depuis les temps les plus éloignés, la scène principale, et souvent unique, de l'histoire nationale, ville où se sont passés tous les grands événements, bon ou mauvais. L'heur et le malheur sortaient également de ses portes.

Dès le jour où la riche et puissante tribu des Tchèques occupa le site, Prague gouverna le cours dramatique de cette histoire, aussi bien du simple trône des princes que du trône doré des rois. Et si à travers de nombreuses et douloureuses péripéties, l'évolution aboutit à la simple table de travail d'un président, Prague demeure le foyer privilégié de la vie nationale, qu'on l'humilie ou qu'on l'outrage, ou bien qu'elle s'épanouisse dans la joie.

Mais revenons au panorama de la ville qui se développe sur toute la longueur du quai, depuis la statue de Palacký jusqu'à la Maison des artistes. La verdure, la rivière et les nuages forment le cadre de ce tableau qui, pour être vu tous les jours, ne laisse pas d'étonner.

34

Ces maisons, ces tours et ces fumées, ce silence et cette musique composent un ensemble unique où le gothique se confond avec la Renaissance et le baroque avec les débris du rococo. Chaque maison semble être à sa place, chaque toit ajoute au décor un détail qui, dans sa perfection, semble presque naturel. Nous ne cessons d'admirer l'église magnifique de Dienzenhofer et le campanile de Lurago. Au-dessus de l'enchevêtrement des rues et des places de Malá Strana, les deux artistes élevèrent l'une des œuvres les plus étonnantes. Ce dôme et cette tour viennent rompre avec bonheur la régularité classicisante des façades du Château, unifiées de façon quelque peu mécanique dans la seconde moitié du XVIIIᵉ siècle. Comme si quelqu'un avait guidé la main des maîtres et des simples artisans qui auraient simplement accroché les charpentes des maisons à cette beauté dessinée et improvisée par les âges.

Tu marches dans Prague, vendanges des siècles . . .
résonne la voix d'un chanteur d'aujourd'hui, envoûté par le charme de sa ville.

Les feuilles d'or dont Charles IV fit couvrir les toits de son Château sont depuis longtemps enlevées et fondues, mais le nom qu'elles avaient transmis à la ville demeure. Nous sommes debout au pied de la cathédrale, œuvre de l'empereur. Au-dessus de nos têtes, des gargouilles en colère ouvrent leurs gueules. Les jours de pluie, elles crachent les eaux qui avaient auparavant effacé des toits le clair de lune. Nous sortons de la cour du Château et regardons la ville qui repose sans pesanteur sur la soie verte des jardins. Et en bas, quelque part sur le fleuve, on entend une musique.

JAROSLAV SEIFERT

10/ Pražský hrad ze stráni Petřína ‹

11/ Velká věž katedrály sv. Víta

12/ Čestné nádvoří Pražského hradu

13/ Z reprezentačních prostor Pražského hradu

14/ Jezdecké schody ve Starém paláci

15/ Vladislavský sál

16/ Sv. Jiří z třetího nádvoří Pražského hradu

17/ Jižní průčelí katedrály sv. Víta

18/ Královská oratoř v katedrále sv. Víta

19/ Socha knížete Václava

20/ České korunovační klenoty

21/ Bysta Anny Svídnické v triforiu katedrály

22/ Vysoký chór katedrály sv. Víta

23/ Gotická mozaika Zlaté brány

24/ Visutý svorník v katedrále sv. Víta

25/ Interiér románské baziliky sv. Jiří

26/ Výhled z okének Svatojiřské baziliky

27/ Expozice Národní galérie v Jiřském klášteře

28/ Ve Zlaté uličce na Pražském hradě

29/ Královský letohrádek

30/ Katedrála sv. Víta z Královské zahrady

31/ Z Nového Světa

32/ Lidová plastika z Černínské uličky

33/ Černínský palác na Hradčanech

34/ Loreta

35/ Schody z Loretánské ulice k Úvozu ›

36/ Petřínská rozhledna ‹

37/ Ze sbírek Národní galérie ve Šternberském paláci

38/ Arcibiskupský palác na Hradčanech

39/ Martinický palác na Hradčanském náměstí

40/ Sváteční nálada v zahradě Na valech

41/ Prejzy malostranských střech a báň sv. Mikuláše >

42/ U zlatého lva na Nových zámeckých schodech ‹‹

43/ Nové zámecké schody z Rajské zahrady ‹

44/ Dům U zlaté hvězdy a Schwarzenberský palác

45/ Na zahradě pod Petřínem

46/ U tří housliček v Nerudově ulici

47/ Nerudova ulice z Radničních schodů

48/ Malostranské panoráma z Kolovratské zahrady

49/ Na Nových zámeckých schodech

50/ Valdštejnská zahrada ›

51/ Bludiště střech Kolovratského a Valdštejnského paláce ››

52/ Vrcholný interiér pražského baroka « «

53/ Mostecká ulice a chrám sv. Mikuláše «

54/ Kolovratský palác

55/ Vrtbovská zahrada

56/ Pomník Jana Nerudy na Petříně

57/ Velkopřevorský mlýn s můstkem na Kampu

58/ Pražské Benátky ›

59/ U Sovových mlýnů na Kampě ‹

60/ Moderní architektura dotváří historické prostředí

61/ Míšeňská ulička na Malé Straně

62/ Karlův most z Malostranské mostecké věže

63/ Románský reliéf z výzdoby Juditina mostu

64/ Turek z Karlova mostu >

65/ Malostranské mostecké věže >>

66/ Pohled, který nelze zapomenout <

67/ Souboj lva s chimérou

68/ Na staroměstském vltavském břehu

69/ Karlův most ústí na Křižovnickém náměstí

70/ Světlonoška z mostu Svatopluka Čecha

71/ Arkády domu U dvou zlatých medvědů ›

72/ Renesanční mříž kašny na Malém náměstí ‹

73/ Zátiší z Melantrichovy ulice

74/ Renesanční okno Staroměstské radnice

75/ Staroměstské radniční domy s věží

76/ U staroměstského orloje

77/ Letní pohoda na Staroměstském náměstí

78/ Majestát Týnského chrámu

79/ Gotický arkýř Karolina >

80/ Mistr Jan Hus ‹

81/ Hotel Intercontinental v Pařížské třídě

82/ Staronová synagóga

83/ Jehuda Löw ben Bezalel z Nové radnice <<

84/ Na starém židovském hřbitově <

85/ Doklad nezbytné péče o kulturní odkaz

86/ Anežský klášter slouží naší době

87/ Gotické loubí starého Havelského tržiště

88/ Největší pražský obchodní dům Kotva

89/ Vchod do interhotelu Paříž

90/ Obecní dům s Prašnou bránou

91/ Tylovo divadlo

92/ Z klidové zóny Na můstku

93/ Novoměstská vodárenská věž

94/ Most Prvního máje směřuje k Národnímu divadlu

95/ Průčelí kláštera Na Slovanech

96/ V Karlachově sadu na staroslavném Vyšehradě

97/ Vyšehrad s Vltavou

98/ Slavín

AČ ZEMŘELI · JEŠTĚ MLUVÍ

JOSEF
KRÁL

JULIUS
ZEYER

JAN
ŠTURSA

99/ Na Karlově náměstí

100/ Budova Ústřední rady odborů na Žižkově

101/ Zelená báň Obecního domu

102/ Muzeum V. I. Lenina v Hybernské ulici

103/ Václavské náměstí >

104/ Adamova lékárna

105/ Nová úprava Václavského náměstí

106/ Schodišťová hala Národního muzea

107/ Budova Federálního shromáždění ČSSR

108/ Palác federálního ministerstva paliv a energetiky

109/ Na stanici Leninova trasy A pražského metra

110/ Bronzový reliéf na dveřích Národního památníku na Žižkově

111/ Národní památník na vrchu Žižkově

112/ Mrazivý podvečer nad Vltavou ›

113/ Památník obětem nacistického teroru v Kobylisích

114/ Památník osvobození Prahy Rudou armádou

115/ Svítání nad Prahou >

116/ Z mezinárodního letiště v Ruzyni

117/ Budova Koospolu ve Vokovicích

118/ Letohrádek Hvězda na Bílé hoře

119/ Divoká Šárka a koupaliště Džbán

120/ Sídliště Červený vrch

121/ Skleněné plochy budovy KOVO v Holešovicích

122/ Jezírko ve Stromovce >

123/ Vlajkosláva u Sjezdového paláce >>

124/ Velký sál letohrádku Trója

125/ Restaurace Praha na Letné

126/ Mezinárodní telekomunikační ústředna na Žižkově ›

127/ Palác Centrotexu na Pankráci ››

128/ Fontána Dálky na Novodvorské ‹ ‹‹

129/ Parný den na podolském stadiónu ‹‹

130/ Palác kultury ‹

131/ Urologická klinika Karlovy univerzity

132/ Čínský pavilón usedlosti Cibulka v Košířích

133/ Ze sbírek novodobé plastiky v zámku na Zbraslavi

134/ Na strahovském stadiónu Evžena Rošického

135/ Daleké jsou obzory naší Prahy ›

136/ Panoráma Matky měst z vrchu Žižkova ››

137/ Malostranský motiv ze zahrad pod Petřínem › ››

VYSVĚTLIVKY

Vstupní snímky

1/ Pohled z Kampy na Staroměstskou věž Karlova mostu (asi 1380–1400) a věž bývalé staroměstské vodárny z r. 1489.

2/ Panoráma Pražského hradu z neobvyklého pohledu přes moře komínů malostranských domů, které ukrývají zdivo gotické věžové brány někdejšího biskupského dvora zaniklého v husitských válkách.

3/ Detail sochařské výzdoby (konzola) ze západní části brány mezi malostranskými věžemi Karlova mostu.

4/ Pohled na Prahu z rozkvetlých strání Petřína. Na snímku dole je kupole bývalého malostranského kostela sv. Maří Magdalény, na pozadí vpravo silueta Národního památníku na vrchu Žižkově.

5/ Pražský hrad a oblouky Karlova mostu z Novotného lávky při Smetanově nábřeží působí nezapomenutelným dojmem.

6/ V malebném parku na úpatí Petřína je v empírovém letohrádku z let 1827–1831 umístěno národopisné oddělení Národního muzea v Praze.

7/ Kouzelný pohled na bílé střechy Malé Strany a Hradčan je odměnou za mrazivou procházku po Karlově mostě.

8/ Tichá zákoutí skromných uliček na Kampě dokáže rozeznít letní slunce krajkovím stínů dovádějících na kamenech.

9/ Menší ze dvou malostranských mosteckých věží je románská ze 12. stol. Patřila k prvému kamennému mostu přes Vltavu.

Obrazová příloha

10/ Pohled na Pražský hrad a vltavskou kotlinu z vyhlídkové cesty začínající pod Strahovským klášterem.

11/ Z jižní průčelní věže katedrály sv. Víta se naskýtá nezvyklý pohled na renesanční ochoz a cibulovou střechu velké věže (viz pozn. 17) a jižní část třetího hradního nádvoří. Na pozadí zelená báň sv. Mikuláše v moři pražských střech, protnutém tokem Vltavy.

12/ Matyášova brána z r. 1614 na prvním nádvoří Pražského hradu byla postavena podle projektu Giovanniho Marii Filippiho původně nad hradním příkopem. Příkop zasypali před r. 1762, kdy zde vznikalo čestné nádvoří, navržené Mikulášem Pacassim – architektem přilehlých budov. Pilíře brány jsou osazeny kopiemi plastik Gigantů od Ignáce Františka Platzera z r. 1768.

13/ Sál zvaný Rudolfova galérie vznikl v letech 1589–1606 dle návrhu Antonia Valentiho a Giovanniho Gargioliho. Původně zde byla uložena část rozsáhlých uměleckých sbírek Rudolfa II. V letech 1865 až 1868 byl upraven Ferdinandem Kirschnerem v novobarokním slohu na společenský sál. Rudolfova galérie spolu se Španělským sálem a západním křídlem Pražského hradu byly v letech 1973–75 rekonstruovány pro slavnostní shromáždění a významná politická zasedání.

14/ Jezdecké schody ve Starém královském paláci na Pražském hradě vynikají pozdně gotickou krouženou klenbou, dílem Benedikta Rieda (kolem r. 1500). Umožňovaly přístup do Vladislavského sálu přímo ze starobylého Jiřského náměstí.

15/ Vladislavský sál, největší zaklenutý světský prostor své doby (délka 62 m, šířka 16 m, výška 13 m), dílo Benedikta Rieda z let 1486–1502, dal postavit Vladislav Jagellonský na místě dřívějších sálů paláce Karla IV. Smělou konstrukci pozdně gotické žebrové klenby doplňuje na severní stěně trojice oken, která patří již novému, renesančnímu slohu. Sál plnil od svého vzniku především funkci reprezentační a společenskou. V současné době je tradičně spjat s volbou prezidenta ČSSR a s dalšími státně politickými akty.

16/ Jezdecká socha sv. Jiří bojujícího s drakem, dílo Jiřího a Martina z Kluže z doby kolem r. 1373, upravovaná v 16. stol., stála původně na Jiřském náměstí, potom před Starým královským palácem a pak na barokní kašně u rampy před Starým proboštstvím. V r. 1928 byla umístěna podle návrhu Josipa Plečnika na upraveném třetím nádvoří, kde byla nahrazena kopií (originál nalezneme v expozici starého českého umění v Jiřském klášteře).

17/ Katedrála sv. Víta vznikala postupně od poloviny 14. stol. až do

174

počátku 20. století. Velká hlavní věž, vysoká 99,6 m, byla postavena podle projektu Petra Parléře v letech 1396–1406. Renesanční ochoz z let 1560–1562 je dílem Bonifáce Wolmuta, střecha z r. 1770 vznikla podle návrhu Mikuláše Pacassiho. Věže západního průčelí patří novogotické dostavbě chrámu z let 1873–1929. V popředí budova Starého proboštství, původní románský biskupský palác upravený v 17. století. Monolit z mrákotínské žuly byl vztyčen v r. 1928 během úprav třetího nádvoří podle projektu Josipa Plečnika.

18/ Pozdně gotickou královskou oratoř, postavenou v katedrále sv. Víta r. 1493 Benediktem Riedem a Hansem Spiessem, zdobí naturalistické motivy v podobě proplétaného větvoví a znaky zemí, kterým, s výjimkou Polska, vládl Vladislav Jagellonský, stavebník Vladislavského sálu.

19/ Opuková socha sv. Václava nad oltářem svatováclavské kaple v katedrále sv. Víta je dílem Parléřovy huti. Původní polychromii sochy, vytesané snad Parléřovým synovcem Jindřichem r. 1373, provedl dvorní malíř Karla IV. Osvald.

20/ České korunovační klenoty, národní kulturní památka. Nejstarší z nich je koruna zvaná svatováclavská, již dal zhotovit Karel IV. v r. 1346 podle vzoru koruny přemyslovské. Hladká čelenka z ryzího zlata vybíhá do čtyř heraldických lilií. Koruna je ozdobena 91 spinely, safíry, smaragdy rubíny a 20 perlami nevyčíslitelné ceny. Na vrcholu zkřížených oblouků je vztyčen zlatý křížek se safírem zdobeným řezbou. Renesanční žezlo a jablko ze 16. století jsou zdobeny safíry, spinely, perlami a emaily.

21/ Bysta třetí manželky Karla IV. Anny Svídnické z gotické části ochozu katedrály, vyzdobeného sochařskou galerií 21 členů lucemburské panovnické rodiny, pražských arcibiskupů, ředitelů a stavitelů chrámu. Portrétní bysty vznikly v letech 1374–1385 a jsou dílem Parléřovy huti.

22/ Pohled ke gotickému chóru katedrály sv. Víta, jejíž stavba byla zahájena r. 1344 Matyášem z Arrasu a dokončena Petrem Parléřem do r. 1385. Koncem 19. stol. a počátkem 20. stol. byla katedrála dostavěna v novogotickém slohu Josefem Mockerem a Kamilem Hilbertem. Trojlodní stavba s příčnou lodí a věncem chórových kaplí je 124 m dlouhá, široká 60 m a vysoká 33 m. Klenbu nese 28 pilířů.

23/ Jižní vchod katedrály, zv. Zlatá brána (Porta aurea), vedoucí do příčné chrámové lodi, postavil Petr Parléř v letech 1366–1367. Mozaika na čelní stěně, provedená z českého skla, znázorňuje Poslední soud a je dílem benátských umělců z let 1370–1371. Klečící postavy po stranách středního oblouku představují Karla IV. a Elišku Pomořanskou.

24/ Visutý svorník ve Staré sakristii katedrály (kapli sv. Michala) z r. 1362 je typickým příkladem novátorského přístupu Petra Parléře k tehdejšímu pojetí gotické architektury, jejíž vertikalitu, pohyb vzhůru, vyjadřovaný příporami a žebry, popírá.

25/ Interiér románské baziliky sv. Jiří založené r. 920, přestavěné po r. 1142 a restaurované v letech 1888–1917 a 1958–62. Ve středu lodi před schodištěm z r. 1731 je umístěna náhrobní deska knížete Boleslava II. (†999), zakladatele přilehlého kláštera, vpravo gotická dřevěná malovaná tumba z konce 15. stol. na náhrobku zakladatele kostela knížete Vratislava (†921). Na klenbě chóru se zachovaly fragmenty románských, gotických a renesančních maleb.

26/ Románskými okénky bílých věží svatojiřské baziliky je vidět dolů do Jiřské ulice k Černé věži, kde končí areál Pražského hradu, a ještě mnohem dál k východu, kde Vltava, půlící město na dvě části, obrací svůj tok k severu.

27/ Expozice českého barokního umění ze sbírek Národní galérie v Praze je umístěna v rekonstruovaném areálu Jiřského kláštera. Klášter sv. Jiří, první ženský benediktinský klášter v Čechách, byl založen r. 973 Mladou, sestrou knížete Boleslava II. Po mnoha přestavbách, z nichž nejrozsáhlejší proběhly v letech 1671–1680, byl klášter posléze v r. 1782 Josefem II. zrušen a změněn mj. v kasárny. Po nákladných rekonstrukcích z let 1962 až 1974 (arch. František Cubr, Josef Pilař) slouží dnes účelům Národní galerie.

28/ Zlatá ulička na Pražském hradě patří k nejnavštěvovanějším zákoutím Pražského hradu. Domky přistavované od konce 16. stol. k pozdně gotické hradební zdi sloužily za obydlí královským střelcům, hradním služebníkům a později chudině.

29/ Královský letohrádek, založený Ferdinandem I. Habsburským spolu s přilehlou zahradou k dvorským slavnostem, vznikl podle projektu kameníka a architekta Paola della Stella z r. 1538. Interiéry této stavby nejčistšího renesančního slohu severně od Alp, upravené v polovině 19. století, slouží výstavním účelům. Bronzovou fontánu ulil podle návrhu

Francesca Terzia v letech 1564–1568 Tomáš Jaroš. Podle melodických zvuků, které vyvolávají dopadající vodní kapky, se jí říká Zpívající.

30/ Ze zahrady před Královským letohrádkem se otvírá výhled na bohatě členěnou cibulovou střechu velké věže a severní stranu Svatovítské katedrály.

31/ Malebné zákoutí z původně hradčanského předměstí Nového Světa, začleněného do města Hradčan po r.1360. V drobných, zejména barokních domcích bydlila kdysi chudina a služebnictvo.

32/ Tato soška sv. Jana Nepomuckého, která zabloudila v době nedávné až do Černínské ulice na Novém Světě, je jednou z bezpočtu lidových barokních plastik tohoto světce v našich zemích.

33/ Černínský palác dal postavit v letech 1669–1697 podle projektu arch. Francesca Carattiho přední diplomat své doby Jan Humprecht Černín z Chudenic. V 18. stol. byla budova poškozena pruským bombardováním a francouzskou armádou, ale potom opětovně upravena Anselmem Luragem. V r. 1851 byl palác dokonce přeměněn v kasárny, ale po citlivé rekonstrukci provedené arch. Pavlem Janákem v letech 1928–1932 se stal důstojným sídlem ministerstva zahraničních věcí, jemuž slouží podnes.

34/ Loretánské náměstí na Hradčanech vzniklo v letech 1703–1726 úpravou prostoru před Loretou. Průčelí tohoto původně poutního místa, ozdobené plastikami Jana Bedřicha Kohla, je dílem Kiliána Ignáce Dienzenhofera a vzniklo v letech 1720–1722. Světoznámou zvonkohru na raně barokní věži zhotovil pražský hodinář Petr Naumann r. 1694. V prostorách Lorety je instalován proslulý poklad liturgického náčiní, klenotů a šperků ze 17.–18. století.

35/ Průhled soutěskou, jejíž strmé schody spojují hradčanskou Loretánskou ulici s Úvozem, původně zvaným Hluboká cesta. V pozadí zalesněný vrch Petřín.

36/ Od významné Zemské jubilejní výstavy v Praze r. 1891 je tato rozhledna, vysoká 60 metrů, z dálky viditelnou dominantou Petřína, rozsáhlého areálu sloužícího svými parkovými zákoutími odpočinku Pražanů.

37/ V prostorách Štenberského paláce na Hradčanském náměstí jsou umístěny sbírky evropského umění Národní galérie. Významnou vrcholně barokní stavbu dal postavit Václav Vojtěch ze Šternberka v letech 1698–1707 arch. Domenicem Martinellim a Giovannim Battistou Alliprandim.

38/ Palác arcibiskupský na Hradčanském náměstí, původně renesanční sídlo Griespeků, byl změněn v letech 1562–1564 dle projektu arch. Oldřicha Aostalise v rezidenci pražských arcibiskupů. Barokní přestavbu z let 1669–1674 provedl Burgunďan Jean Baptiste Mathey, ale rokokové průčelí, jehož autorem je Jan Josef Wirch, pochází z let 1763–1764.

39/ Martinický palác na Hradčanském náměstí, renesanční stavba postavená Ondřejem Teyflem kolem r. 1570, přešla do majetku Martiniců r. 1583, z nichž místodržící Jan Bořita z Martinic jej dal nákladně přestavět. Hlavní průčelí i nádvoří je vyzdobeno figurálními sgrafity s biblickými a antickými mytologickými výjevy. Chátrající objekt změněný v činžovní dům byl v letech 1968–1971 nákladně restaurován, přičemž byly objeveny původní malované stropy a kolem vchodu do kaple malby dle předloh Albrechta Dürera. Dnes je palác sídlem Útvaru hlavního architekta Prahy a pořádají se tu koncerty a výstavy.

40/ Jižní zahrady na úbočí Pražského hradu vznikly r. 1562 a v letech 1928–1931 byly moderně upraveny. Zahradu Na valech zdobí dekorativní schodiště Josipa Plečnika. V létě se tu pořádají promenádní koncerty.

41/ Při pohledu z jižních zahrad Pražského hradu na pražskou vltavskou kotlinu se vysoko nad prejzové střechy Malé Strany vypíná impozantní barokní kupole chrámu sv. Mikuláše. Vpravo dole kontury renesančních štítů paláce pánů z Hradce.

42/ Dům čp. 189/III se znamením U zlatého lva stojí na tzv. Nových zámeckých schodech, které vznikly na místě staré komunikace spojující Pražský hrad s Malou Stranou.

43/ Vyhlédnete-li z jižních zahrad Pražského hradu dolů k Zámeckým schodům, nepřehlédněte malý domek čp. 188/III, opírající se jakoby o pozadí renesančního paláce pánů z Hradce. Zde bydlil a pracoval národní umělec Jan Zrzavý (†1977).

44/ Nad přístupovou cestou k Pražskému hradu, vylámanou ve skále r. 1644, se vypíná jeden z nejkrásnějších pražských renesančních paláců – Schwarzenberský, původně Lobkovický. Palác postavený pro Jana mladšího z Lobkovic v letech 1545–1563 Augustinem Vlachem, vyniká bohatou sgrafitovou výzdobou fasád, obnovenou v letech 1945–55. Nyní je sídlem Vojenského historického ústavu s historickou expozicí.

45/ Poetické prostředí zahrady domku ve Vlašské ulici pod Petřínem, odkud je kouzelný výhled na malostranské domy a Pražský hrad, byl inspirací půvabného díla národního umělce Cyrila Boudy.

46/ Domovní znamení U tří housliček v Nerudově ulici (čp. 210/III) pochází z doby kolem r. 1700. V tomto domě žily od r. 1670 do 1748 tři generace houslařů Edlingerů.

47/ Důvěrně známá scenérie malostranské ulice, dříve Ostruhové, nyní Nerudovy. Tvůrce Povídek malostranských prožil své mládí v blízkém domě U dvou sluncú čp. 233/III.

48/ Z terasy Kolovratského paláce na Malé Straně, postavené na svahu pod Hradem kolem r. 1785 architektem Ignácem Janem Palliardim, je pěkný výhled na střechy malostranských paláců, chrám sv. Mikuláše a zalesněný vrch Petřín s šedesát metrů vysokou rozhlednou vpravo v pozadí.

49/ Nové zámecké schody byly vybudovány r. 1674 jako komunikace zkracující cestu z Hradu na Malou Stranu. Tarasní zeď Rajské zahrady vlevo je členěna prázdnými výklenky, jež měly být r. 1722 osazeny plastikami.

50/ Zahrada Valdštejnského paláce (1624–1630) vznikla spolu se salou terrenou podle projektu Nicoly Sebregondiho a Giovanniho Pieroniho. Bronzové plastiky antických božstev jsou odlitky podle originálů Adriaena de Vries, které byly r. 1648 odvezeny jako válečná kořist Švédy.

51/ Pohled z terasy nejkrásnější malostranské palácové zahrady – Kolovratské, se zachovanou architekturou schodišť, teras a altánů od Ignáce Jana Palliardiho z doby kolem r. 1785. V pozadí rozsáhlý komplex Valdštejnského paláce.

52/ Fresku v kopuli malostranského chrámu sv. Mikuláše, pokrývající 75 m², vytvořil František Xaver Balko (Palko) kolem r. 1760. Sochařská výzdoba je dílem Ignáce Františka Platzera.

53/ Z Malostranské mostecké věže je dobře vidět na ruch v Mostecké ulici a dominantu Malé Strany, chrám sv. Mikuláše. Stavbu řídil v letech 1704–1711 Kryštof Dienzenhofer a pak v letech 1737–1751 jeho syn Kilián Ignác. Štíhlá věž zvonice byla dovedena ke svému vrcholu r. 1751.

54/ Valdštejnská ulice vede mezi malostranskými šlechtickými paláci na úpatí Pražského hradu. Vpravo palác Kolovratský, původně Černínský, vybudovaný v r. 1784 architektem Ignácem Palliardim, tvůrcem proslulé přilehlé terasovité zahrady.

55/ Zahradu Vrtbovského domu v Karmelitské ulici, postavenou podle projektu Františka Maxmiliána Kaňky kolem r. 1720, zdobí plastiky antických božstev a dekorativní vázy z dílny Matyáše Brauna.

56/ Pomník Jana Nerudy v Petřínských sadech, dílo Jana Simoty z r. 1970, je postaven nedaleko místa, kde stály až do r. 1932 Újezdské kasárny, v nichž se veliký básník narodil 9. července 1834.

57/ Zimní kráse romantického zákoutí u břehů Čertovky vévodí malostranský renesanční Velkopřevorský mlýn z r. 1598.

58/ Pražskými Benátkami je nazývána část Malé Strany a Kampy nad vedlejším ramenem Vltavy Čertovkou. Domy pocházejí ze 17. a 18. století.

59/ Sady na Kampě, obtékané z jedné strany Vltavou a z druhé jejím ramenem Čertovkou, jsou oblíbeným místem procházek Pražanů. Na území vzniklém umělým spojením několika drobných ostrůvků byly původně jen zahrady. Stavět se zde začalo v druhé polovině 16. století a ve století následujícím se zde konaly tradiční hrnčířské trhy.

60/ Nově vytvořené atrium u Valdštejnské jízdárny je vstupním prostorem stanice Malostranská pražského metra. Celý prostor je příkladem úspěšného zakomponování moderní architektury do historického prostředí. Pražské baroko připomíná galerie kopií plastik před jízdárnou a ve vestibulu, kterému dominuje alegorie Naděje, odlitek podle Braunova originálu v Kuksu. Umělecké mříže využívají motivu malostranských domovních znamení.

61/ Dopravní ruch velkoměsta proniká i do tichých uliček Malé Strany v těsném sousedství Karlova mostu. V barokním domě čp. 67/III v Míšeňské ulici se narodil herec Eduard Vojan a žil zde také národní umělec Zdeněk Štěpánek.

62/ Karlův most z ptačí perspektivy od malostranské mostecké věže. Vlevo dole střechy renesančního domu U tří pštrosů z r. 1597, ve kterém byla r. 1714 otevřena první pražská kavárna. Obnovený dům s restaurovanými zbytky malované fasády a trámových stropů z 2. poloviny 17. stol., byl přeměněn v přepychový hotel.

63/ Reliéf z poloviny 13. stol., dnes umístěný v prvním patře renesanční celnice čp. 56/III, patří k původní výzdobě východního průčelí románské věže Juditina mostu, prvního kamenného mostu přes Vltavu vystavěného po roce 1165 a stojícího až do r. 1342, kdy byl zničen povodní. Reliéf označovaný jako Leník a pán je pravděpodobně spojen s událostí z r. 1254, kdy se králi Václavu I. pokořil po nezdařeném povstání jeho syn Přemysl Otakar II.

64/ Oblíbený Turek, detail sousoší sv. Jana z Mathy, Felixe a Ivana, střeží se psem vězení s trpícími křesťany již od r. 1714. Tehdy bylo proslulé sousoší, dílo Ferdinanda Maxmiliána Brokoffa vzniklé na objednávku hraběte Františka Josefa Thuna, postaveno na Karlově, tehdy Kamenném mostě.

65/ Pohled na malostranské mostecké věže, z nichž nižší, v jádru románská z 12. stol., byla přestavěna r. 1591. Vyšší, stojící asi na místě starší věže románské, byla postavena r. 1464 za vlády krále Jiřího z Poděbrad. Vpravo renesanční dům U tří pštrosů z r. 1597.

66/ K novému Kamennému (dnes Karlovu) mostu přes řeku položil Karel IV. slavnostně základ 9. VII. 1357. Byl vybudován podle projektu Petra Parléře, je dlouhý 516 m, 10 m široký, spočívá na 16 pilířích a je postaven z pískovcových kvádrů. Most dokončený počátkem 15. stol. nahradil původní románský Juditin most, který tu stál téměř dvě stě let a byl zničen povodní r. 1342.

67/ Zdobná konzola zobrazující souboj lva s chimérou patří k detailům sochařské výzdoby východního oblouku brány mezi malostranskými mosteckými věžemi.

68/ Komplex budov někdejších Staroměstských mlýnů a vodárny s věží z r. 1489, přebudovaný koncem 19. stol. Pohledu na seskupení budov u staroměstského úpatí Karlova mostu dominuje Staroměstská mostecká věž asi z r. 1400. V pozadí někdejší staroměstská vodárna, nyní Muzeum Bedřicha Smetany, zdobená sgrafity Františka Ženíška, Mikoláše Alše a Jana Kouly. Severní stranu budovy, postavené podle návrhu arch. Antonína Wiehla, pokrývá freska zobrazující boj Pražanů se Švédy roku 1648 na Karlově mostě.

69/ Pohled z Kampy ke shluku budov, tvořících – krom jižní strany zakryté mostní věží – Křižovnické náměstí, jedno z nejkrásnějších v Praze. Prosté raně barokní průčelí nad řekou patří k někdejšímu klášteru křižovníků s červenou hvězdou, postavenému arch. Carlem Luragem r. 1611. K budově přiléhá kostel sv. Františka, ušlechtilá stavba arch. Jeana Baptisty Matheye z let 1680–1689 s bání, jež dominuje spolu se staroměstskou věží Karlova mostu z let 1380–1400 obrázku. Mezi nimi uprostřed kostel sv. Salvátora, jehož průčelí z let 1600–1601 s portikem z let 1651–1653 tvoří současně čelní stranu náměstí.

70/ Světlonoška Karla Opatrného hledí na Vltavu od r. 1908. Tehdy byl okázale zdobený secesní most Svatopluka Čecha dokončen dle projektu prof. Jana Kouly.

71/ Renesanční arkády domu U dvou zlatých medvědů, v němž se narodil spisovatel a novinář E. E. Kisch. Nyní po rekonstrukci patří objekt, proslulý nádherným renesančním portálem, ředitelství Muzea hlavního města Prahy.

72/ Kašna s renesanční mříží na Malém náměstí je vynikajícím dílem uměleckého řemesla z r. 1560.

73/ Průhled na Staroměstskou radniční věž z Melantrichovy uličky, pojmenované podle slavného českého tiskaře a nakladatele Jiřího Melantricha z Aventina (1511–1580), jehož nádherný dům tu stál až do r. 1895, kdy byl nahrazen fádním činžákem.

74/ Velké renesanční okno z r. 1520 s nápisem Praga caput regni – Praha hlava království – na prostředním z komplexu gotických domů přeměněných na Staroměstskou radnici.

75/ Komplex radničních budov s věží. Vlevo na rozhraní Staroměstského a Malého náměstí stojí renesanční dům U minuty z r. 1610. Sgrafitová výzdoba fasády představuje biblické a antické výjevy. Klasicistní socha lva na nároží pochází z konce 18. století, kdy zde byla lékárna U bílého lva.

76/ Orloj na Staroměstské radniční věži sestrojil před r. 1410 hodinář

Mikuláš z Kadaně a r. 1490 přestavěl mistr Hanuš zvaný Růže. Sochy apoštolů vytvořil po r. 1945, kdy původní shořely, sochař Vojtěch Sucharda. Kalendářní deska s výjevy ze života venkovského lidu je kopií podle originálu Josefa Mánesa z r. 1864.

77/ Pohled ze Staroměstské radniční věže na jižní stranu Staroměstského náměstí a Melantrichovu ulici. Fasády barokních, v jádře gotických domů pocházejí většinou ze 17. a 18. století.

78/ Trojlodní chrám Panny Marie před Týnem, založený r. 1365, doplňuje pozdně gotický štít (1463) uprostřed dvou 80 m vysokých věží z 2. poloviny 15. a počátku 16. stol. Domy před Týnem mají krásná gotická loubí z pol. 13. a 14. stol. a podzemí skrývá zbytky starších románských budov.

79/ Arkýř někdejší kaple Karolina je příkladnou ukázkou pražské gotické architektury kolem r. 1370. Pochází z původního Rothlevova domu, který se stal po r. 1383 základem komplexu budov Karlovy koleje (Karolina).

80/ Pomník mistra Jana Husa, dílo Ladislava Šalouna, byl postaven r. 1915 uprostřed Staroměstského náměstí k pětistému výročí Husova upálení v Kostnici.

81/ Hotel Intercontinental postavený v letech 1967–1974 v Pařížské ulici je nejmodernějším ubytovacím zařízením v srdci Starého Města (architekti Karel Bubeníček, Karel Filsak, Jaroslav Švec).

82/ Staronová synagóga postavená kolem r. 1270 je nejstarší dochovanou stavbou svého druhu v Evropě, a současně význačnou ukázkou raně gotického slohu v Praze. Bohatě členěný interiér stavby je sklenut u nás unikátní pětidílnou klenbou. Na počátku 14. století byla přistavěna předsíň a vztyčeny cihlové štíty. Boční loď (určená pro ženy) pochází až z 18. století.

83/ Šalounova socha rabbiho Jehudy Löwa ben Bezalel – podle pověsti tvůrce Golema – zdobí nároží pozdně secesní budovy Nové radnice postavené v letech 1908–1912 dle plánů arch. Osvalda Polívky.

84/ Na starém židovském hřitově založeném v polovině 15. století a s nejstarším náhrobním kamenem z r. 1439 je téměř 20 tisíc náhrobků. Pohřbívat se zde přestalo r. 1787.

85/ Věže kostela sv. Jakuba a Týnského chrámu obklopené hávem lešení jsou důkazem stálé péče o architektonické památky. Kostel sv. Jakuba, původně gotický, po chrámu Svatovítském nejdelší v Praze, byl po požáru r. 1689 zbarokizován Janem Šimonem Pánkem. Pro vynikající akustiku je vyhledávanou koncertní síní.

86/ Gotický ambit národní kulturní památky Anežského kláštera, nejstarší dochované raně gotické stavební památky v Čechách z let 1234 až 1282, vybudované králi Václavem I. a Přemyslem Otakarem II. V rozsáhlém komplexu byla po důkladném průzkumu a rekonstrukci umístěna expozice českého malířství a uměleckého řemesla 19. století Národní galérie a Uměleckoprůmyslového muzea v Praze.

87/ Gotické loubí v Havelské ulici na Starém Městě, která byla částí někdejšího středověkého tržiště. Honosné gotické a renesanční domy s raně barokními fasádami mají zachovány původní žebrové klenby.

88/ Obchodní dům Prior – Kotva, nejmodernější pražský obchodní dům, patří svou architekturou, technickým vybavením i počtem zaměstnanců k největším v Evropě. Byl postaven v letech 1970–1975 podle projektu arch. Věry a Vladimíra Machoninových.

89/ Nárožní budova interhotelu Paříž naproti Obecnímu domu je zajímavou novogoticko–secesní stavbou architektů Antonína Pfeiffera a Jana Vejrycha z r. 1904. Keramické mozaiky na fasádě vytvořil Jan Köhler.

90/ Obecní dům hl. města Prahy byl vybudován v letech 1906–1911 dle plánů Osvalda Polívky a Antonína Balšánka v místech, kde stával Králův dvůr, postavený okolo r. 1380 Václavem IV. Průčelí (na obrázku) zdobí mozaika Karla Špilara Hold Praze a nároží budovy socha stavitele sousední Prašné brány Matěje Rejska od Čeňka Vosmíka. Ornamentální výzdobu průčelí a dva světlonoše na pilířích balkónu vytvořil Karel Novák. Sousední Prašná brána založená Vladislavem Jagellonským a postavená Matějem Rejskem po r. 1475 ve stylu pozdní gotiky a značně poškozená za pruského obléhání Prahy, byla novogoticky upravena Josefem Mockerem v letech 1875–1886. Koncem 17. století sloužila jako skladiště střelného prachu, odtud název.

91/ Tylovo divadlo, klasicistní stavba z let 1781–1783 byla postavena podle plánů arch. Antonína Haffeneckera nákladem hraběte Františka Nostice. Původně Nosticovo divadlo patřilo později českým stavům a jmenovalo se proto Stavovské. V r. 1787 zde byla světová premiéra Mozartovy opery Don Giovanni a v r. 1834 premiéra hry J. K. Tyla Fidlovačka s písní Kde domov můj, která se stala národní hymnou.

92/ Spolu s dokončením stavebních prací na trase IB pražského metra vznikly nové prostory určené výhradně pěším. Největší z nich v sobě zahrnuje i bývalou rušnou křižovatku Na můstku. Palác Koruna s věžovitým nárožím, nesoucím útvar koruny, byl navržen r. 1911 arch. Antonínem Pfeifferem. Plastická výzdoba je dílem Vojtěcha Suchardy.

93/ Z novoměstské vodárenské věže, založené r. 1495 a naposledy přestavené po švédském bombardování r. 1648, byla rozváděna voda dřevěným potrubím do kašen Nového Města. Říkalo se jí též Šitkovská podle Jana Šitky (†1451), majitele vedlejších mlýnů, zbořených r. 1930 a nahrazených konstruktivistickou budovou arch. Otakara Novotného ,,Mánes", která je mj. sídlem Svazu čs. výtvarných umělců.

94/ Vltavskému nábřeží u předmostí mostu Prvního máje dominuje nejkrásnější budova české architektury 19. stol. Národní divadlo, postavené podle plánů arch. Josefa Zítka v letech 1868–1881 a dokončené Josefem Schulzem.

95/ Bývalý klášterní kostel Na Slovanech, zvaný rovněž V Emauzích, založil Karel IV. r. 1347 pro benediktinské mnichy pěstující slovanskou liturgii. Bylo to významné sídlo vzdělanosti a kultury své doby. Ambit je vyzdoben cennými gotickými malbami z doby kolem r. 1360. Nedlouho před koncem druhé světové války byl klášter s kostelem těžce poškozen za náletu, a proto nákladně restaurován. Moderní průčelí s věžemi je dílem arch. Františka M. Černého z r. 1967. Vlevo zbarokizovaná kaple sv. Kosmy a Damiána r r. 1657, původně románský kostelík ze 12. století.

96/ Zajímavou, pověstmi opředenou památkou ve vyšehradském Karlachově sadu je trojice prastarých, prostě opracovaných válcových útvarů, snad původně sloupů dnes už neznámého určení.

97/ Vyšehrad, národní kulturní památka, kdysi druhý pražský hrad, od 10. stol. knížecí, ve 12. století královské sídlo, ovládal strategicky důležité místo nad Vltavou na pokraji pražské kotliny. Jeho význam obnovil Karel IV., který zde vybudoval gotickou pevnost s mohutnou věžovitou hlavní branou. Roku 1420 byl hrad zničen husitskými vojsky a pomalu se měnil v městečko. Mohutné cihlové hradby jsou dokladem období, kdy byl Vyšehrad změněn r. 1654 v barokní citadelu.

98/ Vyšehradskému hřbitovu, pohřebišti zasloužilých osobností české vědy a kultury, dominuje společný náhrobek Slavín, ozdobený plastikami Josefa Maudra z r. 1892. Architektonickou úpravu hřbitova a projekt Slavína provedl Ant. Wiehl v letech 1889–1893.

99/ Věž Novoměstské radnice na severní straně největšího pražského náměstí, založeného spolu s Novým Městem pražským r. 1348 Karlem IV., se sadovou úpravou z let 1843–63. Věž byla vybudována v letech 1452–56. Historickou událost prvé pražské defenestrace r. 1419 připomíná socha Jana Želivského od Jaroslavy Lukešové, umístěná od r. 1960 před radnicí.

100/ Budova Ústřední rady odborů ROH, kdysi nejmodernější výškový dům v Praze, byl postaven v letech 1930–32 dle projektu architektů Josefa Havlíčka a Karla Honzíka. Pomník prvního předsedy ROH a později prezidenta Antonína Zápotockého, stojící před budovou od r. 1978, je dílem Jana Simoty.

101/ Kopule nad průčelím Obecního domu hl. m. Prahy (viz legendu k obr. 90). Interiéry této secesní budovy, z nichž vyniká rozlehlá Smetanova síň, jsou zdobeny sochařskými a malířskými díly nejpřednějších českých umělců své doby.

102/ Muzeum Vladimíra Iljiče Lenina v Hybernské ulici, národní kulturní památka, původně raně barokní palác postavený kolem roku 1660, koupilo r. 1907 Dělnické družstvo a vešel do historie pod jménem Lidový dům. Roku 1912 se zde konala VI. konference Sociálně demokratické dělnické strany Ruska, řízená V. I. Leninem. V roce 1920 zde začalo vycházet Rudé právo a boj o Lidový dům v prosinci 1920 stal se předzvěstí vzniku KSČ. V letech 1950–1952 byl dům upraven pro účely muzea a průčelí osazeno bronzovými reliéfními lunetami s výjevy z Leninova života. Autorem Leninovy bysty na průčelí je národní umělec Jan Lauda.

103/ Pohled z rampy Národního muzea na Václavské náměstí, obchodní, komunikační a společenské centrum Prahy. Alegorické sochy na rampě, jimž vévodí Čechie, vytesal Antonín Wagner.

104/ Dům zvaný Adamova lékárna, postavený podle návrhu arch. Matěje Blechy, je ukázkou ušlechtilé architektury z let před první světovou válkou. Sousední konstruktivistická stavba Domu obuvi vznikla v letech 1928–1929 podle projektu Ludvíka Kysely.

105/ Václavskému náměstí dominuje monumentální budova Národního muzea, zbudovaná v letech 1885–1890 podle plánů arch. Josefa Šulce ve stylu české novorenesance v místech, kde stála do r. 1885 tzv. Koňská brána novoměstského opevnění. Nové parkové úpravy největšího pražského bulváru, dlouhého 682 m a širokého 60 m, byly uskutečněny v letech 1982 a 1986, protože dokončení výstavby pražského metra umožnilo odsud vyloučit veškerou hromadnou dopravu.

106/ Centrální schodišťová hala Národního muzea je vyzdobena bronzovými plastikami od Antonína Poppa a Bohuslava Schnircha. Na stěnách chodeb za arkádami je šestnáct obrazů českých hradů malovaných Juliem Mařákem.

107/ Sídlo Federálního shromáždění ČSSR z let 1967–72 vzniklo podle projektu arch. Karla Pragera a kol., který do stavby začlenil i budovu bývalé peněžní burzy, postavenou arch. Jaroslavem Rösslerem v letech 1936–38. Třída Vítězného února je součástí vnitřního automobilového okruhu nové urbanistické přestavby dopravního systému Prahy.

108/ V těsném sousedství Národního muzea vznikají nové architektonické dominanty. Architektura budovy federálního ministerstva paliv a energetiky na Vinohradské třídě, která využívá kontrastu těžké ocelové koruny a vlastního skleněného pláště, je dílem Vladimíra Aulického, Jiřího Eisenreicha, Iva Loose a Jindřicha Malátka z r. 1977.

109/ Rušná koncová stanice trasy A pražského metra, Leninova, je dlouhá 257 m a široká 19 m. Z větší části je položena pod vyústěním Leninovy třídy do dejvického náměstí Říjnové revoluce.

110/ Na tomto z reliéfů Josefa Malejovského, zdobících čelní bronzová vrata Národního památníku na Žižkově, je zobrazen husitský vojevůdce Jan Žižka z Trocnova v boji s křižáky r. 1420.

111/ Národní památník na vrchu Žižkově (národní kulturní památka), monumentální stavba arch. Jana Zázvorky v let 1929–32, je mauzoleem vynikajících představitelů revolučního dělnického hnutí a jsou zde také uloženy ostatky Neznámého československého a sovětského bojovníka. Jezdecká socha Jana Žižky z Trocnova, dílo Bohumila Kafky, byla vztyčena na paměť vítězství husitů nad křižáky v bitvě, která se odehrála v těchto místech r. 1420.

112/ Pohled z Letenské pláně na Vltavu před parkovou úpravou z let

1953–1956 (arch. Vlastimil Durdík a kol.). Vpředu raně barokní kaple sv. Maří Magdalény z r. 1635, v pozadí most Mánesův spojující Klárov se staroměstským břehem a za ním oblouky gotického mostu Karlova. Vpravo vrch Petřín.

113/ Pietní území na bývalé vojenské střelnici v Kobylisích, kterou nacisté změnili za okupace, zejména za heydrichiády, v hromadné popraviště. Plastika truchlící ženy je dílem Miloše Zeta. Areál, který je národní kulturní památkou, byl upraven r. 1975.

114/ Uprostřed smíchovského náměstí Sovětských tankistů se tyčí na mohutném žulovém podstavci legendární tank č. 23, připomínající osvobození Prahy Rudou armádou 9. května 1945.

115/ Obytný celek Zahradní Město vznikal v letech 1966–1970 dle projektu arch. Gorazda Čelechovského a Jiřího Hromase.

116/ Odbavovací hala Československých aerolinií v Ruzyni je dílem autorského kolektivu Vojenského projektového ústavu v Praze. Nové letiště vzniklé v letech 1959–1968 má spojení s padesáti městy světa, ročně zde přistane 57 000 letadel a odbaví se přes dva milióny cestujících.

117/ Moderní architektonicko-urbanistické řešení budovy podniku zahraničního obchodu Koospol ve Vokovicích postavené v letech 1975–1976 je dílem arch. Vladimíra Fencla, Stanislava France a Jana Nováčka.

118/ Na stavbě letohrádku Hvězda, vybudovaného v letech 1555–1556 podle projektu stavebníka Ferdinanda Tyrolského, se podíleli italští stavitelé Giovanni M. Aostalli a Giovanni Luchese. Interiér přízemního sálu je bohatě zdoben štukaturami s náměty z antické mytologie. Objekt této národní kulturní památky, restaurovaný v letech 1945–1951 arch. Pavlem Janákem, byl propůjčen Muzeu Mikoláše Alše a Aloise Jiráska. Bezprostřední okolí bylo 8. listopadu 1620 dějištěm tragické bitvy na Bílé hoře, v níž bylo na hlavu poraženo stavovské vojsko.

119/ Šárecký potok protíná hráz vodní nádrže Džbán. Na jejím břehu vzniklo dle projektu Zdeňka Drobného oblíbené pražské koupaliště. Potok pak protéká rozeklaným údolím chráněné krajinné oblasti Divoká Šárka.

120/ Středem sídliště Červený vrch v Dejvicích, s jehož výstavbou se započalo v r. 1958, vede Leninova třída, hlavní komunikace k letišti ČSA v Ruzyni. Vedoucím projektantem sídliště byl arch. Milan Jarolím a kol.

121/ Při stavbě reprezentativní budovy podniku zahraničního obchodu Kovo v Holešovicích, postavené r. 1977 podle projektu arch. Zdeňka Edela, Luďka Štefka, Josefa Matyáše a Pavla Štecha, bylo užito účinu zrcadlící determální plochy skel fasády.

122/ Královská obora, zv. Stromovka, byla založena v 1. polovině 14. stol. Janem Lucemburským a na významu získala v době renesanční, kdy zde byl zřízen mj. rybník napájený pomocí dlouhé, tzv. Rudolfovy štoly vltavskou vodou. R. 1804 byla obora z podnětu hraběte Karla Rudolfa Chotka zpřístupněna veřejnosti a patří podnes k vyhledávaným rekreačním místům Pražanů.

123/ Sjezdový palác, původně Průmyslový, byl postaven arch. Bedřichem Münzbergrem jako hlavní budova Zemské jubilejní výstavy konané r. 1891 v Praze. Železný materiál konstrukce váží 800 tun a stavba byla dokončena během pěti měsíců. Naposledy byl palác rekonstruován arch. Pavlem Smetanou v letech 1952–1956 a je památný tím, že se zde konala řada významných politických zasedání (hist. sjezd závodních rad v únoru 1948, X.–XV. sjezd KSČ).

124/ Velký sál raně barokního letohrádku Trója je nákladně vyzdoben alegorickými nástropními a nástěnnými malbami antverpského malíře Abrahama Godina z let 1690–1697. Tuto nejkrásnější pražskou villegiaturu, postavenou arch. Jeanem Baptistou Matheyem v letech 1679–1685, zdobí impozantní zahradní schodiště s plastikami představujícími boj bohů s titány, které jsou dílem Jiřího a Pavla Heermannů. V přilehlé zahradě bylo poprvé u nás užito motivů francouzské zahradní dispozice.

125/ Na okraji Letenských sadů byl r. 1960 vybudován restaurační pavilón Praha Expo dle projektu Františka Cubra, Josefa Hrubého a Zdeňka Pokorného. Šťastně zvolené umístění restaurace, jež původně stála při samostatném čs. pavilónu na světové výstavě EXPO 1958 v Bruselu, poskytuje překrásný pohled na pražskou kotlinu s řekou Vltavou.

126/ Monumentálnímu komplexu budov telekomunikační ústředny na Žižkově vévodí zdaleka viditelná věž, jejíž silueta doplňuje pražské panoráma o nový, netradičně komponovaný celek. Autory projektu jsou František Cubr, Josef Hrubý, Zdeněk Pokorný, František Štráchal a Vladimír Oulík. Provoz byl zahájen r. 1980.

127/ Budova Centrotexu v Praze na Pankráci vyrostla u stanice metra Pražského povstání podle projektu architekta Václava Hilského v letech 1974–78.

128/ Moderní plastiky zvýrazňují architektonické hodnoty obytných celků soudobé epochy, jak dokazuje fontána Dálky na Novodvorské, dílo J. Nováka z r. 1970.

129/ Plavecký stadión v Podolí vznikl v letech 1959–1965 podle projektu arch. Richarda Podzemného a Gustava Kuchaře na místě bývalé cementárny a lomu, jehož skály dobře chrání oblíbený odpočinkový prostor bezpočtu Pražanů.

130/ Most Klementa Gottwalda, vybudovaný v letech 1967–1973 podle projektu arch. Vojtěcha Michálka a Stanislava Hubičky, se stal spolu s budovou Paláce kultury symbolem výstavby Prahy v sedmdesátých letech našeho století. Palác kultury, postavený dle projektu Jaroslava Mayera, Vladimíra Ustohala, Antonína Vaňka a Josefa Karlíka r. 1981, nemá svým víceúčelovým vybavením ani velikostí (kapacita více než 5000 míst) v ČSSR obdoby.

131/ Nová budova urologické kliniky Karlovy univerzity na Karlově byla postavena podle projektu arch. Vratislava Růžičky a Borise Rákosníka po r. 1976.

132/ Čínský pavilón poblíž usedlosti Cibulka v Košířích měl kdysi střechu ověšenou zvonky hrajícími ve větru. Při usedlosti založené po r. 1817 je přírodní park s řadou dalších romantických architektur a sochařských kuriozit.

133/ Pohled do sbírek novodobé plastiky Národní galérie, umístěných na zbraslavském zámku – původně klášterní prelatuře. Reprezentační sál na obrázku zdobí nástropní malba Václava Vavřince Reinera (1728) a Františka Xavera Balka (1743). Klášter založený ve 13. století a zničený za husitských válek byl znovu budován nejprve podle plánů Jana Santiniho-Aichla (1709), ale dokončen teprve později arch. Františkem Maxmiliánem Kaňkou po r. 1724.

134/ Stadión Evžena Rošického patří do komplexu tří sportovišť vybudovaných od r. 1932 na Strahově. Naposled byl rozšířen a zcela přestavěn v r. 1978, kdy se tu konalo mistrovství Evropy v lehké atletice.

135/ Od pankráckého předmostí mostu Klementa Gottwalda začínají vyrůstat dominanty nové socialistické Prahy. Hned za dvouvěžím kostela sv. Petra a Pavla na Vyšehradě vidíme obrovitý Palác kultury (viz pozn. 130), v blízkosti masívní budovu PZO Centrotex, stometrovou věž PZO Motokov a siluetu luxusního hotelu Panorama. Všechny stojí při stanicích trasy C pražského metra, která na Jižním Městě (vlevo v pozadí) stanicí Kosmonautů končí.

136/ Panoráma Prahy ze Žižkova – se siluetou Pražského hradu na obzoru a s bílými konturami sídlišť nové, socialistické Prahy v pozadí.

137/ Malostranský motiv z rozkvetlých zahrad pod Petřínem. Dekorativní váza byla původně součástí výzdoby královského pavilónu na Jubilejní výstavě r. 1891 v Praze.

Snímky na obálce

Pražský hrad, symbol československé státnosti.

Detail štukové výzdoby z terasy malostranské Vrtbovské zahrady.

ПРИМЕЧАНИЕ

Вступительные фотографии

1/ Староместская башня Карлова моста (около 1380—1400) и бывшая староместская водонапорная башня (1489), вид со стороны Кампы.

2/ Необычный вид Пражского Града сквозь лес дымовых труб малостранских домов, в которых сохранилась кладка готических башенных ворот епископского двора, пришедшего в упадок в эпоху гуситских войн.

3/ Консоль, фрагмент скульптурных украшений западной стороны ворот между малостранскими башнями Карлова моста.

4/ Вид Праги со стороны цветущих откосов Петршина. Внизу на снимке — купол бывшего малостранского костела св. Марии Магдалены, на заднем плане справа — силуэт Национального памятника на горе Витков.

5/ Пражский Град и пролеты Карлова моста со стороны мостика Новотного возле Сметановой набережной оставляют незабываемое впечатление.

6/ В живописном парке на холме Петршин в летнем дворце в стиле ампир (1827—1831) размещается этнографическое отделение Национального музея в Праге.

7/ Сказочный вид белых крыш Малой Страны и Градчан вознаграждает за прогулку в мороз по Карлову мосту.

8/ Летнее солнце и кружево теней на камне преображают тихие уголки малых улочек Кампы.

9/ Одна из двух малостранских мостовых башен, та, что поменьше, построена в романском стиле в XII веке одновременно с первым каменным мостом через Влтаву.

Художественное приложение

10/ Вид Пражского Града и влтавской котловины со стороны дороги, берущей свое начало под Страговским монастырем. Слева, на первом плане, — ренессансный фронтон Шварценберкского дворца.

11/ С южной башни фасада кафедрального собора св. Вита необычно выглядит ренессансная галерея и луковичный купол большой башни (см. примеч. 17), а также южная часть третьего двора Града. На заднем плане — зеленый купол храма св. Микулаша в море пражских крыш.

12/ Матиашовы ворота (1614) были возведены по проекту Дж. М. Филиппи над крепостным рвом, который был засыпан около 1762 года, когда и возник почетный двор по проекту Н. Пакасси, архитектора окружающих зданий. На столбах ворот находятся копии скульптур гигантов, созданных И. Плацером (1768).

13/ Зал под названием «Рудольфова галерея» возник в 1589—1606 годах по проекту А. Валенти и Дж. Гарджиоли. Первоначально здесь находились художественные собрания Рудольфа II и его другое название было «Сокровищница». Ф. Киршнер в 1865—1868 гг. перестроил этот зал в зал для приемов.

14/ Лестница для всадников в древнем Королевском дворце Пражского Града начинается прямо на Иржской площади и ведет во Владиславский зал. Особую ценность представляет собой позднеготический свод лестницы, созданный Б. Рейтом (около 1500).

15/ Владиславский зал, самое крупное из перекрытых мирских помещений (длина — 62 м, ширина — 16 м, высота — 13 м) того времени, возведенное в 1486—1502 гг. Б. Рейтом по приказу Владислава Ягеллонского на месте бывшего готического дворца Карла IV. Следует обратить внимание на смелую конструкцию позднеготического нервюрного свода и на три окна на северной стене, которые были созданы уже в новом ренессансном стиле.

16/ Конная статуя св. Иржи (Георгия) работы братьев Иржи и Мартина из Клужа была отлита около 1373 года и перелита в XVI веке. Вначале она стояла на Иржской площади. В 1928 году по проекту Й. Плечника она была помещена на третьем дворе Града и заменена копией (оригинал статуи находится в Галерее древнего чешского искусства в здании бывшего Иржского монастыря).

17/ Кафедральный собор св. Вита создавался постепенно, начиная с середины XIV века и вплоть до начала нашего века. Главная большая башня (высота — 99,6 м) возведена в 1396—1406 гг. по проекту Петра Парлержа. Неоготическая башня западного фасада построена в 1873—1929 гг. На первом плане — здание бывшей консистории, первоначально епископский дворец в романском стиле, перестроенный в XVII в. Обелиск из местного мракотинского гранита был воздвигнут в 1928 году в честь десятой годовщины со дня возникновения Чехословакии, в период перестройки третьего двора по проекту Й. Плечника.

18/ Позднеготическая королевская оратория, возведенная в кафедральном соборе св. Вита в 1493 году Б. Рейтом и Г. Спьесо, украшена растительными мотивами в виде переплетенных ветвей и знаками земель, которыми правил Владислав Ягеллонский.

19/ Скульптура св. Вацлава над алтарем капеллы св. Вацлава в кафедральном соборе св. Вита создана из опоки в мастерской П. Парлержа очевидно его племянником в 1373 году. Первоначальную грунтовку осуществил придворный художник Карла IV Освальд.

20/ Чешские коронационные драгоценности, национальный памятник культуры. Среди них наиболее древней является так наз. святовацлавская корона, созданная по приказу Карла IV в 1346 году по образцу короны княжеского рода Пршемысловичей. Гладкая диадема из чистого золота в форме четырех геральдических лилий украшена шпинелями, рубинами, сапфирами, изумрудами и жемчужинами неизмеримой ценности. Сверху корона завершается резным золотым крестом с изумрудом. Ренессансные скипетр и держава относятся ко второй половине XVI века. Их украшают сапфиры, шпинели, жемчужины и эмаль.

21/ Бюст княжны Анны Свидницкой из галереи скульптур, украшающей трифорий собора, т. е. его подлинную готическую часть. Здесь находится 21 скульптурный портрет членов рода Люксембургов, портреты архиепископов, архитекторов и строителей, принимавших участие в сооружении собора. Эта галерея создавалась в 1374—1385 гг. в основном членами мастерской Парлержа.

22/ Вид готического клироса кафедрального собора св. Вита, постройку которого начал в 1344 году Матиаш из Арраса, а в 1385 году завершил Петр Парлерж. В конце XIX века и в начале XX в. кафедральный собор завершили в неоготическом стиле архитекторы Й. Мокер и К. Гильберт. Длина этого трехнефного сооружения с поперечным нефом и венцом капелл составляет 124 м, ширина — 60 м, высота — 33 м. Свод поддерживают 28 опор.

23/ Бывший главный вход собора «Золотые ворота» (Porta aurea), ведущий в поперечный неф (корабль) собора, возвел в 1366—1367 гг. Петр Парлерж. Мозаика из чешского стекла на фасадной стене, изображающая сцену «Последнего суда», создана венецианскими мастерами в 1370—1371 гг. Две коленопреклоненные фигуры по обеим сторонам среднего свода представляют собой Карла IV и его жену Элишку Поморжанскую (Елизавету Померанскую).

24/ Подвесной замковый камень в Старой ризнице собора (капелла св. Михала) возник в 1362 году и является типичным примером новаторского подхода Петра Парлержа к приемам готической архитектуры того времени, вертикальность которой и стремление ввысь, выраженное с помощью нервюров и поддерживающих их элементов, он решает по-своему.

25/ Интерьер романской базилики св. Иржи (Георгия), которая была основана в 920 году, перестроена после 1142 года и реставрирована в 1888—1917 гг. и в 1958—1962 гг. В центре нефа, перед лестницей (1731), находится надгробная плита князя Болеслава II (умер в 999 г.), основателя соседнего монастыря, справа — деревянная готическая, расписанная в XV веке часть надгробного памятника основателю костела князю Вратиславу (умер в 921 г.).

26/ Сквозь романские окна белых башен базилики св. Иржи можно увидеть Иржскую улицу до самой Черной башни, где кончается ареал Пражского Града, а еще восточнее — то место, где Влтава, разделяющая город на две части, поворачивает свое течение к северу.

27/ Чешское искусство эпохи барокко из собраний Национальной галереи выставлено в реконструированных помещениях Иржского монастыря. Монастырь св. Иржи, первый женский монастырь бенедиктинок в Чехии, основала в 973 году Млада, сестра князя

Болеслава II. После дорогостоящих работ по реконструкции (архитекторы Ф. Цубр, Й. Пиларж) в здании бывшего монастыря была открыта галерея древнего чешского искусства из собраний Национальной галереи.

28/ Злата уличка — одно из наиболее посещаемых туристами мест Пражского Града. Домики, где селились королевские стрельцы, дворовые, а позднее беднота, к крепостной стене стали пристраивать в конце XVI века. Первоначально улица называлась Златницкой, потому что на ней жили золотых дел мастера.

29/ Королевский летний дворец, основанный Фердинандом I Габсбургским, был построен по проекту каменщика и архитектора Паоло делла Стелла в 1538 году. Интерьеры этой постройки, представляющей собой самое чистое проявление стиля Ренессанс севернее Альп, предоставлены для устройства периодических выставок. Последняя перестройка внутренних помещений состоялась в середине XIX века. Бронзовый фонтан по проекту Ф. Терцио отлил Т. Ярош в 1564—1568 гг. Капли падающей воды заставляют звучать бронзу, и поэтому фонтан получил название «Поющий».

30/ Из сада перед Королевским летним дворцом хорошо видны богато расчлененная луковичной формы крыша большой башни и северная сторона кафедрального собора св. Вита.

31/ Живописные уголки старинной градчанской окраины Новый Свет, включенной в черту города Градчаны после 1360 года. В маленьких домах в стиле барокко здесь когда-то жила беднота и дворовый люд.

32/ Статуэтка св. Яна Непомуцкого, обнаруженная не столь давно на Чернинской улице Нового Света, представляет собой одну из многочисленных народных барочных пластик, изображающих этого святого.

33/ Чернинский дворец был построен для известного дипломата своего времени Яна Гумпрехта Чернина по проекту архитектора Ф. Каратти. Это самое крупное дворцовое здание сооружалось с 1669 по 1697 гг. В 1851 году в здании помещались казармы. После тщательной реконструкции дворца в 1928—1932 гг. под руководством архитектора Павла Янака здесь разместилось Министерство иностранных дел.

34/ Лоретанская площадь на Градчанах возникла в 1703—1726 гг., после того как было оформлено пространство перед Лоретой. Фасад этого вначале паломнического места, украшенный скульптурами Я. Б. Кола, создал в 1720—1722 гг Килиан Игнац Динценгофер. Прославленный часовой колокольный механизм на башне в стиле раннего барокка сконструировал в 1694 году пражский часовщик П. Науман. В помещениях Лореты находится лоретанская сокровищница — художественно выполненные предметы для церковных обрядов XVII—XVIII вв.

35/ Крутая лестница соединяет Лоретанскую улицу с Увозом, который раньше назывался Глубокая дорога. На заднем плане — зеленый холм Петршин.

36/ Со времен Земской юбилейной выставки в Стромовке в 1891 году эта башня обозрения (высота — 60 м) является доминантой Петршина, обширного ареала отдыха пражан.

37/ В помещениях Штернберкского дворца на Градчанской площади находятся собрания европейского искусства Национальной галереи. Эта постройка в стиле кульминационного барокко была возведена в 1698—1707 гг. архитекторами Д. Мартинелли и Дж. Б. Аллипранди для Вацлава Войтеха из Штернберка.

38/ Архиепископский дворец на Градчанской площади, вначале ренессансная резиденция рода Гриеспеков, был перестроен в 1562—1564 гг. по проекту О. Аосталиса. Барочную перестройку осуществил в 1669—1674 гг. бургундец Ж. Б. Матье. Фасад в стиле рококо создал в 1763—1764 гг. Я. Й. Вирх.

39/ Главный фасад и двор ренессансного Мартиницкого дворца на Градчанской площади (после 1583 года) украшены фигуральным сграффито на библейские и античные мифологические сюжеты. Дорогостоящая реставрация этого разрушающегося объекта, во время которой были обнаружены потолки с оригинальной росписью и, около входа в капеллу, роспись по образцу Альбрехта Дюрера, была осуществлена в 1968—1971 гг. В настоящее время во дворце находится Отдел главного архитектора города Праги. В здании устраиваются также концерты и выставки.

40/ Южные сады Пражского Града возникли в 1562 году на искусственно созданной насыпи. Новая современная разбивка садов относится к 1928—1931 гг. Сады «На валах» украшает декоративная лестница Й. Плечника. Летом здесь устраиваются концерты на открытом воздухе.

41/ Вид со стороны южных садов Пражского Града на влтавскую котловину. Над черепичными крышами домов на Малой Стране — барочный купол храма св. Микулаша (Николая). Справа внизу — контуры ренессансных фронтонов дворца панов (господ) из Градца.

42/ Дом «У золотого льва» (№ 189/III) стоит на так наз. Новой дворцовой лестнице, которая возникла в местах, соединяющих ранее Пражский Град и Малую Страну.
43/ Глядя со стороны южных садов Пражского Града вниз, на Дворцовую лестницу, следует обратить внимание на маленький домик (№ 188/III), словно опирающийся на ренессансный дворец панов из Градца. В этом доме жил и творил Народный художник Ян Зрзавы (умер в 1977 году).

44/ Над подходом к Пражскому Граду, пробитым в скале в 1644 г., возвышается один из красивейших пражских ренессансных дворцов — Шварценберкский, ранее Лобковицкий. Дворец был построен для Яна младшего Лобковицкого в 1545—1563 гг. архитектором А. Влахом. Фасад дворца богато украшен сграффито, реставрированным в 1945—1955 гг. В настоящее время в здании находится Военно-исторический институт и Музей.

45/ Поэтический сад у домика на Влашской улице под Петршином, откуда открывается прекрасный вид малостранских домов и Пражского Града, — источник вдохновения творчества Народного художника Цирила Боуды.

46/ Знак дома «У трех скрипок» на Нерудовой улице (№ 10/III) возник около 1700 года. В этом доме в 1670—1748 гг. жило несколько поколений скрипичных мастеров.

47/ Хорошо знакомая сцена малостранской улицы Нерудовой, ранее Оструговой. Я. Неруда, создатель «Малостранских рассказов» жил в молодости в доме «У двух солнц» (№ 233/III), расположенном неподалеку.

48/ С террасы Коловратского дворца на Малой Стране, возведенной на откосе под Градом в 1785 году по проекту архитектора И. Паллиарди, хорошо видны крыши малостранских дворцов, храм св. Микулаша и зеленый холм Петршин с башней обозрения (на заднем плане справа).

49/ Новая дворцовая лестница, построенная в 1674 году, сократила расстояние между Градом и Малой Страной. Террасовидная стена Райского сада (слева) расчленена пустыми нишами, где уже в 1722 году предполагалось разместить скульптуры.

50/ Сад Вальдштейнского (Валленштейнского) дворца (1624—1630) был создан одновременно с «sala terrena» по проекту Н. Себрегонди и Дж. Пьеронни. Бронзовые скульптуры — копии скульптур античных богов работы Адриена де Вриса, вывезенных из Праги в 1648 году шведами в качестве военной добычи.

51/ Вид с террасы красивейшего малостранского дворцового сада — Коловратского, в котором сохранились лестницы, террасы и беседки, созданные И. Паллиарди около 1785 года. На заднем плане — широкий комплекс Вальдштейнского дворца.

52/ Фреска, украшающая купол храма св. Микулаша (ее площадь — 75 кв. м), создана Ф. Кс. Балко около 1760 года. Автор скульптурных украшений храма — И. Ф. Плацер.

53/ С Малостранской мостовой башни открывается вид, включающий Мостецкую улицу и доминанту Малой Страны — храм св. Микулаша (Николая). Постройкой храма руководил в 1704—1711 гг. Криштоф Динценгофер, а в 1737—1751 гг. — его сын Килиан Игнац. Стройная башня колокольни была пристроена в 1756 г. архитектором Ансельмом Лураго.

54/ Вальдштейнская улица, которую обрамляют малостранские дворцы, приводит к подножию Пражского Града. Справа — Коловратский дворец, в прошлом Чернинский, возведенный в 1784 году архитектором И. Паллиарди, который создал также расположенный неподалеку прославленный сад на террасах (уступах рельефа).

55/ Сад Вртбовского дворца на Кармелитской улице, разбитый по проекту Ф. М. Каньки около 1720 года, украшают статуи античных богов и декоративные вазы, созданные в мастерской М. Брауна.

56/ Памятник Яну Неруде в садах Петршина, работа скульптора Я. Симоты, был поставлен в 1970 году неподалеку от тех мест, где до 1932 года находились Уездские казармы, в которых 9 июля 1834 года родился этот выдающийся чешский писатель.

57/ Над романтичным уголком на берегу влтавского рукава Чертовки господствует малостранская ренессансная Велькопршеворская мельница (1598).

58/ Эту часть Малой Страны и Кампы над Чертовкой называют «пражской Венецией». Дома построены в XVII—XVIII вв.

59/ Сады на острове Кампа, омываемые с одной стороны рекой Влтавой, а с другой ее рукавом Чертовкой, — любимое место прогулок пражан. Вначале на этой территории, возникшей благодаря искусственному соединению нескольких мелких островков, были одни только сады. Застройка началась во второй половине XVI века, а в XVII веке здесь уже устраивались традиционные гончарные ярмарки.

60/ Возле Вальдштейнского манежа перед входом станции пражского метро «Малостранская» недавно был создан специальный атриум. Малостранскую атмосферу в этом современном по разбивке саду создают копии барочных скульптур. В вестибюле станции доминирует скульптура, аллегорически изображающая Надежду, копия оригинала работы М. Б. Брауна, хранящегося в восточночешском замке Кукс. Решетка художественного литья создана по мотивам малостранских домовых знаков.

61/ Бурная современная жизнь столицы проникает иногда и на тихую малостранскую Мишеньскую улочку возле Карлова моста. Отсюда можно попасть на остров Кампу, откуда открывается прекрасный вид староместского влтавского берега, или же к станции пражского метро «Малостранская».

62/ Карлов мост с птичьего полета со стороны Малостранской мостовой башни. Слева внизу — крыши ренессансного дома «У трех страусов» (1597), в котором в 1714 году было открыто первое пражское кафе. В настоящее время этот недавно восстановленный дом с реставрированными остатками росписи фасада и потолочных балок, относящейся ко второй половине XVII века, был превращен в одну из лучших гостиниц города.

63/ Рельеф (середина XIII в.), расположенный в настоящее время на втором этаже ренессансной таможни (№ 56/III), украшал первоначально восточный фасад малостранской башни моста Юдиты (Юдифи), первого каменного моста через реку Влтаву, который просуществовал с 1165 года по 1342 год, когда он был уничтожен наводнением. Рельеф под названием «Ленник и пан» («Вассал и господин») очевидно связан с событиями 1254 года, когда после неудачного восстания королю Вацлаву I покорился его сын и наследник трона Пршемысл Отакар II.

64/ Популярный «Турок», деталь скульптурной группы св. Иоанн из Матьи, св. Феликс и св. Иван, охраняет с собакой тюрьму, в которую заключены христиане-мученики, вот уже с 1714 года, с тех пор, когда эта прославленная скульптурная группа, созданная Ф. М. Брокофом по заказу графа Ф. Й. Туна, была поставлена на Карловом (тогда еще Каменном) мосту.

65/ Малостранские мостовые башни. Та, что поменьше, в основе своей — романская (XII в.), перестроена в 1591 году. Та, что повыше, очевидно была возведена на месте старой романской башни. Ее постройка датируется 1464 годом, когда правил король Иржи Подебрадский. Справа — ренессансный дом «У трех страусов» (1597).

66/ Фундамент нового Каменного (ныне Карлова) моста через реку был торжественно заложен Карлом IV девятого июля 1357 года. Мост сооружен из плит песчаника по проекту Петра Парлержа, его длина — 516 м, ширина — 10 м, мост опирается на 16 столбов. Карлов мост, строительство которого завершилось в начале XV века, был сооружен вместо простоявшего здесь почти двести лет романского моста Юдиты, уничтоженного в 1342 году наводнением.

67/ Декоративная консоль, изображающая поединок льва с химерой, — часть скульптурных украшений восточной арки ворот между мостовыми малостранскими башнями. Ворота построены до 1411 года, в период правления Вацлава IV.

68/ Комплекс зданий бывших Староместских мельниц и водонапорной башни (1489), перестроенный в конце XIX века. На переднем плане находится Музей Бедржиха Сметаны.

69/ Со стороны Кампы хорошо видно скопление домов, образующих — за исключением южной стороны, закрытой мостовой башней, — одну из самых красивых площадей в Праге — Кржижовницкую. Над рекой возвышается простой в стиле раннего барокко фасад бывшего монастыря монашеского ордена кржижовников (крестоносцев) с красной звездой ордена, построенного в 1661 году архитектором К. Лураго. К зданию примыкает костел св. Франтишека, благородное сооружение архитектора Ж. Б. Матье, возведенное в 1680—1689 гг. Купол этого костела и староместская башня Карлова моста, созданная в 1380—1400 гг., занимают доминирующее место на этой картине. Между ними в центре находится храм св. Сальватора (Христа Спасителя). Фасад этого храма (1600—1601) и портик (1651—1653) образуют одновременно лобовую сторону площади.

70/ Факельщица Карла Опатрного смотрит на реку Влтаву с 1908 г. Именно тогда помпезно украшенный мост в стиле «модерн» Сватоплука Чеха был построен по проекту Яна Коулы.

71/ Ренессансные аркады дома «У двух золотых медведей», в котором родился писатель и журналист Э. Э. Киш. В настоящее время, после реконструкции, в этом славящимся своим ренессансным порталом объекте находится дирекция Музея главного города Праги.

72/ Ренессансный водоем с решеткой на Малой площади свидетельствует о высоком уровне художественных ремесел в 1560 году.

73/ Башня Староместской ратуши, вид со стороны Мелантриховой, ранее Сирковой улицы, одной из старейших улиц средневекового плана Старого Места (Старого Города).

74/ Большое ренессансное окно (1520) с надписью «Praga caput regni« («Прага глава королевства») дома, который входит в комплекс готических домов, преобразованных позднее в Староместскую ратушу.

75/ Комплекс домов, образующих ратушу с башней. Слева, на рубеже Староместской и Малой площадей, стоит ренессансный дом «У минуты» (1610). Декоративное сграффито на фасаде воспроизводит библейские и античные сюжеты. Скульптурное в стиле классицизма изображение льва относится к концу XVIII века, когда в этом месте находилась аптека «У белого льва».

76/ Куранты на башне Староместской ратуши сконструировал в 1402 году часовщик Микулаш из Кадани, затем, в 1490 году их переделал мастер Гануш из Розы. Календарная доска со сценами из жизни деревенского люда представляет собой копию произведения Йозефа Манеса (1864).

77/ Вид южной части Староместской площади и Мелантриховой улицы со стороны башни Староместской ратуши. Фасады барочных, в основе своей готических домов датируются XVII—XVIII веками.

78/ Трехнефный храм Девы Марии перед Тыном, основанный в 1365 г., был дополнен в 1463 году фронтоном в стиле поздней готики посреди двух восьмидесятиметровых башен (вторая половина XV и начало XVI вв.). Дома перед Тыном обладают прекрасными готическими аркадами (середина XIII—XIV вв.), а в их подвальных помещениях сохранились остатки древних романских зданий.

79/ Эркер бывшей капеллы Каролинума представляет собой образец пражской готической архитектуры около 1370 года, раньше это была часть дома Ротлева, который после 1383 года стал основой комплекса зданий Карлова коллегия — Каролинума.

80/ Памятник Яну Гусу работы Л. Шалоуна был поставлен в центре Староместской площади в 1915 году к пятисотлетию со дня сожжения Магистра Яна Гуса в Констанце.

81/ Гостиница «Интерконтиненталь» на Парижской улице в сердце Старого Места была построена в 1967—1974 гг. Это одна из наиболее современных и комфортабельных гостиниц Праги. Здание создано по проекту архитекторов К. Бубеничека, К. Филсака и Я. Швеца.

82/ Староновая синагога (1270) — это древнейшая постройка подобного рода в Европе, выдающийся образец раннеготического стиля в Праге. Богато расчлененный интерьер постройки перекрыт уникальным в Чехии сводом из пяти частей. Вестибюль к синагоге был пристроен в начале XVI века. К этому же времени относятся и кирпичные фронтоны. Боковой неф, предназначенный для женщин, был пристроен в XVIII веке.

83/ Статуя раввина Иегуды Лёва Бен Бесалела, по преданию — создателя Голема, работа скульптора Шалоуна, украшает угол Новой ратуши, построенной в 1908—1912 гг. по проекту архитектора О. Поливки в стиле «модерн».

84/ На территории древнего еврейского кладбища, древнейший памятник которого датируется 1439 годом, насчитывается около 20 тысяч надгробных памятников. Хоронить на этом кладбище перестали с 1787 года.

85/ Башни костела св. Якуба и Тынского храма в строительных лесах свидетельствуют о постоянной заботе об архитектурных памятниках. Костел св. Якуба, сначала готический, самый длинный после храма св. Вита костел в Праге, после пожара в 1689 году был перестроен в стиле барокко Я. Ш. Панком. В костеле с прекрасной акустикой часто устраиваются концерты.

86/ Готический портик Анежского монастыря, провозглашенного национальным памятником культуры. Этот древнейший из сохранившихся раннеготических памятников архитектуры в Чехии был создан в период правления королей Вацлава I и Пршемысла Отакара II в 1234—1282 гг. В обширном комплексе зданий после основательных исследований и реконструкции была помещена экспозиция чешской живописи и художественных ремесел XIX века из собраний Национальной галереи и Художественно-промышленного музея в Праге.

87/ Готические раки на Гавельской улице Старого Места, которая в прошлом была составной частью средневекового базара. Пышные готические и ренессансные дома с фасадами в стиле раннего барокко перекрыты готическими нервюрными сводами.

204

88/ Универмаг «Приор - Котва», самый современный пражский магазин, по своей архитектуре, техническому оборудованию и количеству работников принадлежит к крупнейшим в Европе. Универмаг был построен в 1970—1975 гг. по проекту архитекторов Веры и Владимира Махониных.

89/ Угловое здание гостиницы «Париж» напротив Обецного (Общественного) дома представляет собой интересную новоготическую и в стиле «модерн» сооруженную архитекторами Антонином Прейффером и Яном Вейрыхом постройку (1904 г.). Керамические мозаики на фасаде создал Ян Кёлер.

90/ Обецный (Общественный) дом города Праги был построен в 1906—1911 гг. по проекту О. Поливки и А. Бальшанека на месте бывшего Королевского двора, возведенного в 1380 году по приказу Вацлава IV. Фасад дома украшает мозаика К. Шпилара «Слава Праге». На углу здания — статуя строителя расположенной рядом Пороховой башни (Прашной браны) М. Рейсека работы скульптора Ч. Восмика. Башню в стиле поздней готики М. Рейсек возвел после 1475 года для Владислава Ягеллонского. Разрушенная во время прусской осады Праги, башня была перестроена в 1875—1886 гг. по проекту Й. Мокера в неоготическом стиле. В конце XVII века в помещениях башни был склад пороха, откуда и происходит ее название.

91/ Театр им. Тыла, постройка в стиле классицизма была возведена в 1781—1783 гг. по проекту архитектора А. Гаффенекера на средства графа Б. Ностица. В 1787 году в театре состоялась мировая премьера оперы Моцарта «Дон Жуан», а в 1834 году — премьера пьесы Й. К. Тыла «Фидловачка» (народное весеннее гулянье в Праге), в которой впервые прозвучала песня «Где мой родной дом», ставшая позднее национальным гимном. Здание провозглашено национальным памятником культуры.

92/ Одновременно с завершением строительных работ на трассе «1В» пражского метро возникли и новые пространства, предназначенные только для пешеходов. Крупнейшее из них включает и бывший оживленный перекресток На мустку. Дворец «Коруна» с башнеобразным углом, по форме напоминающим корону, был спроектирован в 1911 г. архитектором Антоннином Прейффером. Войтех Сухарда является автором пластических украшений.

93/ Из новоместской водонапорной башни, основанной в 1495 году и перестроенной в 1648 году после шведского обстрела, вода по деревянным трубам шла к водоемам Нового Места (Нового Города). Эту башню называли также Шитковской, по имени Яна Шитка (умер в 1451), владельца соседних мельниц, снесенных в 1930 году и замененных конструктивистским сооружением архитектора О. Новотного под названием «Манес», где в настоящее время находится Союз чешских художников.

94/ На набережной Влтавы, возле моста Первого Мая возвышается Национальный театр, самое красивое здание чешской архитектуры XIX века. Этот «храм» национального возрождения был построен в 1868—1881 гг. по проекту Й. Зитека (завершил строительство Й. Шульц) на средства, собранные народом.

95/ Бывший монастырский костел На Слованах, называемый также Эмаузы, был основан Карлом IV в 1347 году для бенедиктинских монахов, занимающихся славянской литургией. В свое время это был центр просвещения и культуры. Портик костела украшен готической росписью (около 1360). Незадолго до конца второй мировой войны монастырь и костел были разрушены при бомбардировке города. Реставрация была сложной и дорогостоящей. Современный фасад с башнями создан в 1967 году по проекту архитектора Ф. М. Черного.

96/ Три древних цилиндрических по всей вероятности столба простой обработки и неизвестного назначения представляют собой интересный и овеянный мифами памятник в вышеградском Карлаховом саду.

97/ Вышеград, национальный памятник культуры, в прошлом — второй пражский град, с X века — княжеская, в XII веке — королевская резиденция, был возведен на важном стратегическом месте над Влтавой, на краю пражской котловины. Его значение понимал Карл IV, который возвел здесь готическую крепость с могучими главными воротами в башне укрепления. В 1420 году крепость Вышеград была уничтожена войсками гуситов. Мощные кирпичные стены — свидетельство периода, когда Вышеград в 1654 году был превращен в барочную цитадель.

98/ Вышеградское кладбище — это национальное кладбище, где

хоронят выдающихся представителей чешского народа. Доминантой кладбища стал надгробный памятник Славин, украшенный скульптурами Й. Маудра (1892). Автором архитектурного оформления кладбища и проекта Славина является А. Вигл. Его проекты были реализованы в 1889—1893 гг.

99/ Башня Новоместской ратуши на северной стороне крупнейшей пражской площади, основанной одновременно с Новым Местом пражским в 1348 году по приказу Карла IV. Разбивка сада на площади была произведена в 1843—1863 гг. Башня построена в 1452—1456 гг. Перед началом гуситских войн, в 1419 году, члены новоместского магистрата были выброшены из окна. Это историческое событие напоминает статуя Яна Желивского перед ратушей. Объект провозглашен национальным памятником культуры.

100/ Здание Центрального совета профсоюзов, в свое время самый современный высотный дом в Праге, строился в 1930—1932 гг. по проекту архитекторов Й. Гавличека и К. Гонзика. Памятник первому председателю Революционного профсоюзного движения, а позднее и президенту республики Антонину Запотоцкому, созданный сультором Й. Симотой, был поставлен перед зданием в 1978 году.

101/ Купол над фасадом Обецного дома города Праги (см. текст к снимку 90). Интерьеры этого здания в стиле «модерн», среди которых особенно интересен обширный зал им. Сметаны, украшены скульптурными и живописными произведениями лучших художников того времени.

102/ Музей Владимира Ильича Ленина на Гибернской улице, национальный памятник культуры. Этот дворец в стиле раннего барокко, построенный в 1660 году, купил в 1907 году Рабочий кооператив. В историю это здание вошло под названием «Народный дом». В 1912 году в этом доме состоялась Шестая (Пражская) Всероссийская конференция РСДРП, которой руководил В. И. Ленин.

103/ Вид Вацлавской площади, торгового, коммуникационного и общественного центра Праги с рампы Национального музея. Аллегорические статуи на рампе, среди которых выделяется Чехия, создал скульптор А. Вагнер.

104/ Дом под названием «Адамова аптека», построенный по проекту архитектора М. Блехи, является лучшим образцом архитектуры перед первой мировой войной. Рядом — «Дом обуви», конструктивистская постройка 1928—1929 гг. Архитектор Л. Кисела.

105/ Над Вацлавской площадью возвышается монументальное здание Национального музея, построенное в 1885—1890 гг. по проекту архитектора Йозефа Шульца в стиле чешского неоренессанса на месте, где до 1885 г. стояла так наз. «Коньска брана» («Конные ворота») новогородского укрепления. Новая разбивка парка на этом крупнейшем пражском бульваре (длина — 682 м, ширина — 60 м) осуществилась в 1982—1986 гг., после того, как завершение строительства пражского метро позволило исключить из этих мест массовые транстпортные средства.

106/ Центральный вестибюль Национального музея с широкой лестницей украшен бронзовыми пластиками А. Поппа и Б. Шнирха. На стенах коридора за аркадами находятся шестнадцать картин Ю. Маржака, на которых изображены чешские замки.

107/ Здание Федерального собрания ЧССР было построено с 1967 по 1972 гг. по проекту архитектора К. Прагера и коллектива авторов, включившему в постройку и здание бывшей денежной биржи (1936—1938) архитектора Я. Реслера. Проспект Витезного унора (Победоносного Февраля) представляет собой составную часть внутреннего автомобильного кольца в новой урбанистической перестройке транспортной системы Праги.

108/ Возле Национального музея выросли новые архитектурные доминанты. Здание Федерального министерства топлива и энергетики было построено в 1977 году. Архитекторы В. Аулицкий, Й. Эйзенрейх, И. Лоос и Й. Малатка использовали при его проектировании контраст тяжелой стальной короны и стеклянной обшивки.

109/ Оживленная станция метро «Ленинова», конечная станция трассы «А», проложена под местом, где Ленинова улица выходит на площадь Октябрьской революции в районе Дейвице. Длина станции — 257 м, ширина — 19 м.

110/ Рельефы украшают главные бронзовые ворота Национального памятника в районе Жижков. На данном (скульптор Й. Малейовский) изображен гуситский полководец Ян Жижка из Троцнова в битве с немецкими крестоносцами в 1420 году.

111/ Национальный памятник на горе Витков (район Жижков) провозглашен национальным памятником культуры. Эта монументальная постройка, возведенная в 1929—1932 гг. по проекту архитектора Я. Зазворки, является местом захоронения выдающихся представителей рабочего класса. Здесь также захоронены останки Неизвестного чехословацкого и советского воинов. Конная статуя Яна Жижки из Троцнова скульптора Б. Кафки установлена в 1950 году в память победы гуситов над крестоносцами в 1420 году в этих местах.

112/ Вид Влтавы с Летенского поля сквозь разбитый в 1953—1956 гг. парк (арх. В. Дурдик и коллектив авторов). На переднем плане — часовня св. Марии Магдалины (1635), на заднем плане — Манесов мост, соединяющий Кларов со староместским берегом, за ним — арки готического Карлова моста. Справа виден холм Петршин.

113/ Бывший военный полигон в районе Кобылисы, который фашисты во время оккупации страны превратили в место массовой казни, особенно в период гейдрихиады. Место это в 1975 году после специального оформления было провозглашено национальным памятником культуры. Статуя скорбящей женщины создана скульптором М. Зетой.

114/ Памятник на площади Советских танкистов в районе Прага 5-Смихов. Легендарный танк № 23, помещенный на каменном пьедестале, память об освобождении Праги Советской Армией 9 мая 1945 года.

115/ Новый жилой район Заградни Место вырос в 1966—1970 гг. Авторы проекта — архитекторы Г. Челиховский и Й. Громас.

116/ Пассажирский зал «Чехословацких аэролиний» в Рузини создан авторским коллективом Военно-проектного института в Праге. Новый аэропорт, созданный в 1959—1968 гг., связывает Прагу с пятьюдесятью городами мира, ежегодно здесь приземляются 57 тысяч самолетов, а количество пассажиров превышает два миллиона человек.

117/ Здание внешнеторговой организации «Кооспол» в районе Воковице было создано на основе современного архитектурно-урбанистического решения в 1975—1976 гг. по проекту архитекторов В. Фенцла, С. Франса и Я. Новачека.

118/ В строительстве летнего замка «Звезда», созданного по проекту Ф. Тирольского в 1555—1556 гг., принимали участие итальянские мастера Х. Аосталис и Дж. Лучезе. Интерьеры зала на первом этаже привлекают внимание своими богатыми лепными украшениями на сюжеты античной мифологии. Этот национальный памятник культуры был реставрирован в 1945—1951 гг. под руководством архитектора П. Янака. Неподалеку от замка 8 ноября 1620 года произошла трагическая битва на Белой Горе, во время которой войска католической лиги и Фердинанда II Габсбургского нанесли полное поражение войскам чешских сословий.

119/ Шарецкий поток пересекает плотина водохранилища Джбан, на берегу которого по проекту Зденька Дробного была создана популярная пражская купальня. Затем поток протекает в расчлененной долине заповедника Дивока Шарка.

120/ Новый микрорайон Червены врх в Дейвице, строительство которого началось в 1958 году, пересекает проспект им. Ленина, коммуникационная линия, ведущая к Рузиньскому аэропорту.

121/ Здание внешнеторговой организации «Ково» было построено в районе Голешовице в 1977 году по проекту архитекторов З. Эдела, Л. Штефека, Й. Матиаша, П. Штеха с использованием зеркального отражения теплозащитных плоскостей стекол фасада.

122/ Королевский заповедник Стромовка был основан в первой половине XIV века по приказу Яна Люксембургского. Особое значение заповедник приобрел в эпоху Ренессанса, когда здесь был создан пруд, в который влтавская вода поступала по длинной так наз. Рудольфской штольне. В 1804 году заповедник по инициативе графа К. Р. Хотека был открыт для общественности, с тех пор и до наших дней Стромовка остается любимым местом отдыха пражан.

123/ Дворец съездов возник по проекту архитектора Б. Мунзбергера в качестве главного павильона Земской юбилейной выставки, состоявшейся в 1891 году в Праге. Общий вес железного материала конструкции составил 800 тонн, постройка была завершена в течение пяти месяцев. Последняя реконструкция была осуществлена П. Сметаной в 1952—1956 гг. Во Дворце пороходил целый ряд выдающихся политических заседаний.

124/ Большой зал летнего замка Троя богато украшен потолочной и стенной росписью антверпенского художника А. Годена, работавшего здесь в 1690—1697 гг. Эту прекраснейшую, в стиле раннего барокко постройку типа виллы, построенную по проекту Ж. Б. Матье в 1679—1685 гг., украшает пышная садовая лестница со скульптурами работами Й. и П. Геерманов, изображающими битву богов и титанов. Сад вокруг замка был разбит впервые в Чехии на основании французской планировки.

125/ В конце Летенских садов в 1960 г. был построен ресторанный павильон «Прага-Экспо» по проекту архитекторов Ф. Цубра, Й. Грубого и З. Покорного. Удачно выбранное место для павильона, представляющего ЧССР на Всемирной выставке в Брюсселе в 1958 г., позволяет наслаждаться прекрасным видом пражской котловины и реки Влтавы.

126/ Монументальный комплекс зданий Телекоммуникационного центра в районе Жижков завершен хорошо видной издали башней, силуэт которой представляет собой новый нетрадиционный элемент в пражской панораме. Авторы проекта: Ф. Цубр, Й. Грубы, З. Покорны, Ф. Штрахал, В. Оулик. Международный телекоммуникационный центр начал свою работу в 1980 году.

127/ Здание «Центротекс» в районе Панкрац в Праге выросло возле станции метро «Пражске повстани» («Пражское восстание») на трассе «С». Проект архитектора В. Гильского был реализован в 1974—1978 гг.

128/ Фонтан «Дали» (1970), работа скульптора Й. Новака, служит подтверждением того, что современная скульптура способна подчеркнуть лучшие качества архитектуры новых жилых комплексов.

129/ Плавательный бассейн в Подоли был создан в 1959—1965 гг. по проекту архитекторов Р. Подземного и Г. Кухаржа на месте бывшего цементного завода и карьера, скалы которого хорошо защищают от непогоды это любимое место отдыха пражан.

130/ Мост им. Клемента Готвальда, построенный в 1967—1973 гг. по проекту архитекторов В. Михалека и С. Губички, наряду со зданием Дворца культуры, стал символом новой застройки Праги в семидесятые годы. Авторы проекта Дворца культуры: Я. Майер, В. Устогал, А. Ванек, Й. Карлик. Дворец был завершен в 1981 году. По своим размерам (свыше 5 тысяч мест) и возможностям использования внутренних помещений ему нет равных в ЧССР.

131/ Новое здание урологической клиники Карлова университета в районе Карлова было построено в 1976 году по проекту архитекторов Б. Ружички и Б. Ракосника.

132/ Китайский павильон возле усадьбы Цибульки в районе Коширже. На крыше павильона были привешены звенящие от ветра колокольчики. Усадьбу, основанную после 1817 года, окружает парк с целым рядом романтичных архитектурных сооружений и скульптурных редкостей пока еще не реконструированных.

133/ Современная скульптура из собраний Национальной галереи размещена в Збраславском замке, бывшем здании монастырского прелата. Парадный зал на снимке украшен стенной росписью В. В. Рейнера (1728) и Ф. Кс. Балко (1743). Монастырь, основанный в XIII веке и разрушенный в период гуситских войн, был вновь отстроен по проекту Я. Сантини-Айхела (1709), но завершен позднее, в 1724 году, архитектором Ф. М. Канькой.

134/ Стадион им. Эвжена Рошицкого, один из трех спортивных комплексов, выросших в 1932 году на Страгове. Его последняя перестройка относится к 1978 году, когда здесь состоялся Чемпионат Европы по легкой атлетике.

135/ От панкрацкого предмостья моста им. Клемента Готвальда, выросли доминанты новой социалистической Праги. Сразу же за двубашенным костелом св. Петра и Павла на Вышеграде можно увидеть гигантский Дворец культуры (см. примеч. 130) неподалеку от массивного здания «ПЗО Центротекс», стометровую башню «ПЗО Мотоков» и силуэт гостиницы «Панорама». Все эти здания расположены на трассе «С» пражского метро, которая в районе Южного Места (на заднем плане слева) завершается станцией «Космонавту».

136/ Панорама Праги с горы Жижков с силуэтом Пражского Града. символа чехословацкой государственности, с белыми контурами новой жилой застройки социалистического города на заднем плане.

137/ Малостранский мотив и цветущие сады Петршина. Декоративная ваза была первоначально частью украшений королевского павильона на Юбилейной выставке 1891 года в Праге.

Снимки на обложке:

Пражский Град, символ чехословацкой государственности.

Фрагмент лепных украшений террасы малостранского Вртбовского сада.

ERLÄUTERUNGEN

Aufnahmen in der Einführung

1/ Blick von der Insel Kampa zum Altstädter Turm der Karlsbrücke (um die Jahre 1380–1400) und zum Turm des ehemaligen Altstädter Wasserwerks aus dem Jahre 1489.

2/ Panorama der Prager Burg – ein ungewohnter Blick über das Meer der Schornsteine der Kleinseitner Häuser, in denen das Mauerwerk vom Turmtor des ehemaligen Bischofshofes verborgen ist, der während der Hussitenkriege verfiel.

3/ Detail des Bildhauerschmucks (Konsole) an der Westseite des Tors zwischen den Kleinseitner Türmen der Karlsbrücke.

4/ Blick auf Prag von den Abhängen des Petřín-Hügels aus, die ein einziges Blütenmeer darstellen. Im Bild unten die Kuppel der ehemaligen Maria-Magdalena-Kirche auf der Kleinseite, im Hintergrund rechts die Silhouette der Nationalen Gedenkstätte auf dem Berg Žižkov.

5/ Die Prager Burg und die Bogen der Karlsbrücke, vom Novotný-Steg am Smetana-Kai aus gesehen, hinterlassen einen unvergeßlichen Eindruck.

6/ Das Empirelustschloß in dem malerischen Park am Abhang des Petřín-Hügels aus den Jahren 1828–1831 birgt die Ethnographische Sammlung des Nationalmuseums in Prag.

7/ Durch einen zauberhaften Blick auf die weißen Dächer der Kleinseite (Malá Strana) und des Hradschins (Hradčany) wird man für einen Spaziergang über die Karlsbrücke bei Frostwetter belohnt.

8/ Dank der Sommersonne bedecken sich die stillen Winkel der bescheidenen Gäßchen auf der Kampa-Insel mit dem Spitzenwerk der über die Steine dahinhuschenden Schatten.

9/ Der niedrigere von den beiden Kleinseitner Brückentürmen ist im romanischen Stil erbaut, stammt aus dem 12. Jahrhundert und gehörte zur ersten Steinbrücke über die Moldau.

Bilderbeilage

10/ Blick auf die Prager Burg und auf das Moldautal von dem Aussichtsweg aus, der unter dem Kloster Strahov beginnt. Im Vordergrund links der Renaissancegiebel des Schwarzenberg-Palais.

11/ Vom Südturm des Veitsdomes aus bietet sich das ungewohnte Bild der Renaissancegalerie und des Zwiebeldaches des großen Kirchturms (s. B. 17) sowie des Südteils des dritten Burghofes. Im Hintergrund die grüne Kuppel der Niklaskirche im Meer der Prager Dächer.

12/ Das i. J. 1614 erbaute Matthiastor am ersten Burghof in Prag wurde nach einem Projekt von Giovanni Maria Filippi ursprünglich oberhalb des Burggrabens errichtet. Der Graben wurde vor dem Jahre 1762 zugeschüttet, und damals entstand hier der Ehrenhof, dessen Projekt von Nikolaus Pacassi stammt, der als Architekt der anliegenden Gebäude wirkte. Auf die Pfeiler des Tors wurden Kopien der Gigantenstatuen aufgesetzt, die Ignác F. Platzer i. J. 1768 schuf.

13/ Der Rudolfsgalerie genannte Saal entstand in den Jahren 1589–1606 auf Grund eines Projekts von Antonio Valenti und Giovanni Gargioli. Ursprünglich wurden hier die Kunstsammlungen Rudolfs II. aufbewahrt und der Saal hieß auch Schatzkammer. In den Jahren 1865–1868 wurde er von Ferdinand Kirschner zu einem Gesellschaftssaal umgebaut.

14/ Die Reiterstiege im Alten Königspalast auf der Prager Burg zeichnet sich durch ein spätgotisches Sterngewölbe aus, geschaffen von Benedikt Ried (um das Jahr 1500). Die Stiege ermöglichte einen Zugang zum Wladislaw-Saal unmittelbar vom Georgsplatz aus.

15/ Den Wladislaw-Saal ließ Wladislaw Jagiello an der Stelle errichten, wo früher der gotische Palast Karls IV. stand. Ein Werk von Benedikt Ried aus den Jahren 1486–1502, ist das der größte weltliche Innenraum der damaligen Zeit (Länge 62 m, Breite 16 m, Höhe 13 m). Die kühne Konstruktion des spätgotischen Rippengewölbes wird an der Nordwand durch eine Dreiergruppe von Fenstern vervollständigt, die bereits dem neuen Renaissancestil zugehören.

16/ Das Reiterstandbild des hl. Georg im Kampf mit dem Drachen, von Georg und Martin von Klausenburg etwa 1373 geschaffen und im 16. Jahrhundert umgestaltet, stand ursprünglich am Georgsplatz, dann vor dem Alten Königspalast und schließlich am Barockbrunnen vor der Rampe der Alten Propstei. Im Jahre 1928 wurde es nach einem Projekt von Josip Plečnik auf dem renovierten Dritten Burghof aufgestellt und dann durch eine Kopie ersetzt (das Original befindet sich in der Ausstellung der tschechischen Kunst im Georgskloster).

17/ Am Veitsdom wurde seit der Mitte des 14. Jahrhunderts bis zum Anfang des 20. Jahrhunderts gebaut. Der 99,6 m hohe Hauptturm wurde in den Jahren 1396–1406 nach einem Projekt von Peter Parler errichet. Die Türme der Westfront entstanden bei der Vollendung des Dombaus im neugotischen Stil während der Jahre 1873–1929. Im Vordergrund das Gebäude der Alten Propstei, ursprünglich romanischer Bischofspalast, im 17. Jahrhundert umgebaut. Der aus Mrákotín-Granit bestehende Monolith wurde i. J. 1928 beim Umbau des Dritten Burghofs nach einem Projekt von Josip Plečnik aufgestellt.

18/ Das i. J. 1493 von Benedikt Ried und Hans Spiess gestaltete spätgotische Oratorium im Veitsdom schmücken naturalistische Motive in Form eines Astflechtwerks sowie die Wappen jener Länder, die Wladislaw Jagiello, dem Erbauer des Wladislaw-Saals, unterstanden.

19/ Das aus Pläuersandstein gehauene Standbild des hl. Wenzel oberhalb des Altars der Wenzelskapelle im Veitsdom ist ein Werk der Parlerschen Steinmetzhütte. Die ursprüngliche Polychromie der vermutlich von Parlers Neffen Jindřich i. J. 1373 geschaffenen Statue wurde durch den Hofmaler Karls IV., Osvald, ausgeführt.

20/ Die böhmischen Krönungskleinodien, nationales Kulturdenkmal. Das älteste Stück ist die Wenzelskrone, die Karl IV. i. J. 1346 nach dem Vorbild der Přemyslidenkrone anfertigen ließ. Das glatte Diadem aus gediegenem Gold läuft in vier heraldische Lilien aus. Die Krone ist mit 91 Spinellen, Rubinen, Saphiren, Smaragden und 20 Perlen von unschätzbarem Wert geschmückt und den Scheitel der gekreuzten Bogen krönt ein goldenes Kreuz, besetzt mit einem durch Schnitzwerk geschmückten Saphir. Das Renaissancezepter und der Reichsapfel stammen aus der 2. Hälfte des 16. Jahrhunderts; sie sind mit Saphiren, Spinellen, Perlen und Schmelzwerk besetzt.

21/ Die Büste der Fürstin Anna von Świdnica aus dem inneren, ursprünglich gotischen Teil der Arkaden (Triforium) des Doms, den eine Büstengalerie der 21 Mitglieder des Herrscherhauses der Luxemburger, der Erzbischöfe von Prag, der Leiter und Direktoren des Dombaus schmückt. Sie entstand in den Jahren 1374–1385 unter Mitwirkung der Angehörigen der Parlerschen Bauhütte.

22/ Blick zum gotischen Chor des Veitsdoms. Der Bau des Chors wurde i. J. 1344 von Matthias d'Arras begonnen und durch Peter Parler vor dem Jahre 1385 abgeschlossen. Am Ausklang des 19. und zu Beginn des 20. Jh. wurde der Dom von Josef Mocker und Kamil Hilbert im neugotischen Stil vollendet. Das dreischiffige Bauwerk mit dem Querschiff und dem Kranz der Chorkapellen ist 124 m lang, 60 m breit und 33 m hoch. Das Gewölbe wird von 28 Pfeilern getragen.

23/ Das Goldene Pforte (Porta aurea) genannte Südtor des Doms, durch das man in das Querschiff gelangt, wurde von Peter Parler in den Jahren 1366–1367 geschaffen. Das aus böhmischem Glas ausgeführte Mosaik an der Stirnwand stellt das Jüngste Gericht dar und ist ein Werk venezianischer Künstler, entstanden in den J. 1370–1371. Die knieenden Gestalten an den Seiten des Mittelbogens stellen Karl IV. und Elisabeth von Pommern dar.

24/ Der Hängebolzen in der Alten Sakristei des Doms (Michaels-Kapelle), ein Werk aus dem Jahre 1362, gilt als typisches Beispiel des von Peter Parler bezeugten Neuerertums in bezug auf die damals herrschenden Vorstellungen von der gotischen Architektur, deren Vertikalismus von ihm negiert wird.

25/ Das Interieur der romanischen Georgskirche, die i. J. 920 gegründet, nach dem Jahre 1142 umgebaut und in den Jahren 1888–1917 sowie 1958 bis 1962 restauriert wurde. In der Mitte des Kirchenschiffs befindet sich vor der aus dem Jahre 1731 stammenden Treppe die Grabplatte des Fürsten Boleslav II. (†999), der das angrenzende Kloster gründete; rechts die gotische, vom Ende des 15. Jh. stammende bemalte Holztumba am Grabmal des Fürsten Vratislav (†921), der die Kirche gründete. Am Gewölbe des Chors sind Fragmente romanischer, gotischer und Renaissancegemälde erhalten.

26/ Durch die kleinen romanischen Fenster der weißen Türme der Georgsbasilika sieht man die Georgsgasse unten, zum Schwarzen Turm am Ende des Burggeländes hin und weiter ostwärts, bis dorthin, wo die die Stadt in zwei Teile trennende Moldau ihren Lauf nach Norden nimmt.

27/ Die Schau der tschechischen Barockkunst, ausgewählt aus den Sammlungen der Prager Nationalgalerie, befindet sich im rekonstruierten Areal des Georgsklosters. Dieses erste Frauenkloster des Benediktenordens in Böhmen wurde i. J. 973 von Mlada, Schwester des Fürsten Boleslav II., gegründet. Nach Abschluß der sich über den Zeitraum 1962–1974 erstreckenden aufwendigen Rekonstruktionsarbeiten (Arch. František Cubr, Josef Pilař) dienen die Räumlichkeiten heute der Nationalgalerie.

28/ Das Goldene Gäßchen auf der Prager Burg ist einer der meistbesuchten, versteckten Winkel der Prager Burg. In den kleinen Häuschen, die seit Ende des 16. Jh. an den spätgotischen Burgwall angebaut wurden, wohnten die königlichen Schützen, die Dienerschaft der Burg und später Angehörige der Stadtarmen.

29/ Das durch Ferdinand I. von Habsburg gegründete Königliche Lustschloß war zusammen mit dem angrenzenden Garten für Festlichkeiten des Hofes bestimmt. Die Ausführung des Baus erfolgte nach Plänen des Steinmetzen und Architekten Paolo della Stella aus dem Jahre 1538. Mitte des 19. Jahrhunderts wurden Umbauten vorgenommen. Heute werden die Interieure dieser reinsten Renaissancearchitektur nördlich der Alpen zu Ausstellungszwecken genutzt. Die Bronzefontäne wurde in den Jahren 1564–1568 von Tomáš Jaroš auf Grund eines Projekts von Francesco Terzio gegossen. Dem melodischen Klang der niederfallenden Wassertropfen verdankt sie die Bezeichnung „Singende Fontäne".

30/ Vom Garten vor dem Königlichen Lustschloß öffnet sich die Aussicht auf das reich gegliederte Zwiebeldach des großen Turms und die Nordfront der Veitskathedrale.

31/ Ein malerischer Winkel der einstigen Hradschiner Vorstadt Nový Svět (Neue Welt), die nach dem Jahre 1360 in den Stadtteil Hradčany eingegliedert wurde. In den kleinen, vornehmlich im Barockstil erbauten Häuschen wohnten einst arme Leute und Angehörige der Dienerschaft.

32/ Diese Statuette des hl. Johann von Nepomuk, die sich vor nicht so langer Zeit bis in die Černín-Gasse in der Neuen Welt verirrte, ist den vielen Barockplastiken dieses Heiligen zuzuzählen, die es in Böhmen und Mähren gibt.

33/ Das Palais Černín ließ in den Jahren 1669–1697 Jan Humprecht Černín

von Chudenice, ein hervorragender Diplomat der damaligen Zeit, nach
Plänen des Architekten Francesco Caratti errichten. Im Jahre 1851 wurde
das Palais ausgerechnet in eine Kaserne umgewandelt, doch nach der von
dem Architekten Pavel Janák in den Jahren 1928–1932 mit großem Fein-
gefühl ausgeführten Rekonstruktion wurde und ist es Sitz des Ministe-
riums für Auswärtige Angelegenheiten.

34/ Der Loreto-Platz (Loretánské náměstí) in dem Stadtteil Hradčany
entstand in den Jahren 1703–1726 im Zuge der Umgestaltung des Gelän-
des vor dem Loreto-Haus. Die mit Plastiken von Jan Bedřich Kohl ge-
schmückte Stirnseite dieses ehemaligen Wallfahrtsortes wurde von Kilián
Ignác Dientzenhofer in den Jahren 1720–1722 geschaffen. Das weltbe-
kannte Glockenspiel in dem im Stil des Frühbarocks erbauten Turm ging
i. J. 1694 aus der Werkstatt des Prager Uhrmachers Petr Naumann her-
vor. In den Räumen des Loreto-Klosters ist der berühmte Loreto-Schatz
untergebracht, der liturgische Geräte, Kleinodien und Schmuck aus dem
17.–18. Jahrhundert enthält.

35/ Durchsicht durch den Engpaß, dessen steile Treppe die Loretánská-
Gasse am Hradčany mit dem Úvoz, ursprünglich Tiefer Weg genannt,
verbindet. Im Hintergrund der mit Bäumen bestandene Petřín-Hügel.

36/ Seit den Tagen der bedeutsamen Landes-Jubiläumsausstellung im
Jahre 1891, die in Stromovka (Baumgarten) abgehalten wurde, ist dieser
60 m hohe Aussichtsturm die von weitem sichtbare Dominante des Petřín-
Hügels, eines ausgedehnten Geländes, in dessen Parkanlagen die Prager
Erholung suchen.

37/ Blick in die Innenräume des Sternberg-Palais, in dem sich die Samm-
lungen „Europäische Kunst" der Nationalgalerie befinden. Dieses be-
deutsame Bauwerk des Hochbarocks ließ Václav Vojtěch von Šternberk
in den Jahren 1698–1707 durch die Architekten Domenico Martinelli und
Giovanni Battista Alliprandi errichten.

38/ Das Erzbischöfliche Palais am Burgplatz (Hradčanské náměstí), ur-
sprünglich Sitz derer von Griespek, im Renaissancestil erbaut, wurde
in den Jahren 1562–1564 nach einem Projekt von Udalrico Aostali zur
Residenz der Prager Erzbischöfe umgestaltet. De in den Jahren 1669 bis
1647 erfolgten Umbau führte der Burgunde Jean Baptiste Mathey aus,
während die von Jan Josef Wirch gestaltete Rokokofassade auf die Jahre
1763–64 zurückgeht.

39/ Das nach dem Jahre 1583 im Renaissancestil erbaute Martinic-Palais auf dem Burgplatz ist an der Stirnwand und im Hof mit figuralen Sgraffiti geschmückt, die biblische und antike mythologische Szenen darstellen. Das in Verfall geratene und als Mietshaus dienende Bauwerk wurde in den Jahren 1968–1971 mit großem Kostenaufwand wiederhergestellt. Dabei entdeckte man die ursprünglichen, mit Malereien verzierten Decken und am Zugang zur Kapelle Malereien nach Vorlagen von Albrecht Dürer. Heute hat hier der Hauptarchitekt von Prag seinen Sitz und in den Sälen werden Konzerte und Ausstellungen veranstaltet.

40/ Die Gärten an der Südseite der Prager Burg wurden i. J. 1562 auf einer Aufschüttung angelegt und erhielten während der Jahre 1928–1931 eine moderne Gestalt. Den Wallgarten (Na Valech) schmückt eine von Josip Plečnik geschaffene dekorative Treppe. Im Sommer finden hier Promenadenkonzerte statt.

41/ Blickt man von den Gärten an der Südseite der Prager Burg zum Becken der Moldau hinab, so erfaßt das Auge vor allem die imposante Barockkuppel der Niklaskirche, die hoch über die Preisendächer der Kleinseite hinausragt. Rechts unten die Konturen der Renaissancefassaden des Palais der Herren von Hradec.

42/ Das Haus Zum Goldenen Löwen (Nr. 189/III) steht an der sog. Neuen Schloßstiege, die die Stelle des alten Weges einnimmt, der die Prager Burg mit der Kleinseite verband.

43/ Wer von den Gärten an der Südseite der Prager Burg zur Schloßstiege hinabblickt, sollte das kleine Häuschen Nr. 188/III nicht unbemerkt lassen, das so gelegen ist, als ob es sich an die Front des Renaissancepalais der Herren von Hradec anlehne. In diesem Häuschen wohnte und arbeitete der Maler Jan Zrzavý, Träger des Ehrentitels Nationalkünstler (†1977).

44/ Über den Zugangsweg zur Prager Burg, der i. J. 1644 aus dem Felsen gebrochen wurde, ragt einer der schönsten Renaissancepaläste Prags hinaus – das Schwarzenberg-Palais, ursprünglich Palais Lobkowicz genannt. Das in den Jahren 1545–1563 von Augustin Vlach für Johann d. J. von Lobkowicz erbaute Palais zeichnet sich durch reichen Sgraffitoschmuck der Fassaden aus, der in den Jahren 1945–55 renoviert wurde. Heute befindet sich hier der Sitz des Militärhistorischen Museums mit umfangreichen Sammlungen.

45/ Das poetische Milieu des Hausgartens in der Vlašská-Gasse unterhalb des Petřín-Hügels, von dem sich eine zauberhafte Aussicht auf die Häuser der Kleinseite und die Prager Burg bietet, inspirierte den National-künstler Cyril Bouda zu diesem reinzvollen Werk.

46/ Das Hauszeichen an dem Haus Zu den drei Geigen in der Neruda-Gasse (Nr. 210/III) stammt aus der Zeit um das Jahr 1700. Hier wohnten während des Zeitraums 1670 bis 1748 drei Generationen der Geigen-bauerfamilie Edlinger.

47/ Die vertraute Szenerie einer der Kleinseitner Gassen, früher Spar-rengasse, jetzt Neruda-Gasse genannt. Der Autor der Kleinseitner Ge-schichten – Jan Neruda – verbrachte seine Jugend in dem unweit gele-genen Haus Zu den zwei Sonnen Nr. 233/III (siehe 56).

48/ Von der Terrasse des Kolowrat-Palais auf der Kleinseite, das um 1785 von dem Architekten Ignác Jan Palliardi auf dem Hang unterhalb der Burg errichtet wurde, hat man eine schöne Aussicht auf die Dächer der Klein-seitner Paläste, die Niklaskirche und den bewaldeten Petřín-Hügel mit dem 60 Meter hohen Aussichtsturm rechts im Hintergrund.

49/ Die Neue Schloßstiege wurde um 1674 als eine Verkehrsader ange-legt, die den Weg von der Burg zur Kleinseite verkürzte. In die Stütz-mauer des Paradiesgartens zur Linken sind Nischen eingelassen, in denen bereits i. J. 1722 Plastiken aufgestellt werden sollten.

50/ Der Garten des Waldstein-Palais (1624–1630) wurde nach einem Projekt von Nicolo Sebregondi und Giovanni Pieroni angelegt, desglei-chen die Sala terrena. Die Bronzeplastiken sind Nachbildungen der Ori-ginalstatuen von Adriaen de Vries, die von den Schweden i. J. 1648 als Kriegsbeute fortgebracht worden waren.

51/ Blick von der Terrasse des schönsten Kleinseitner Palastgartens – am Kolowrat-Palais – mit gut erhaltener Architektur der Treppenauf-gänge, Terrassen und Altane. Er wurde um 1785 von Ignác Jan Palliardi angelegt. Im Hintergrund der ausgedehnte Komplex des Waldstein-Palais.

52/ Das Fresko in der Kuppel der Kleinseitner Niklaskirche nimmt eine Fläche von 75 m² ein und wurde von Franz Xaver Balko um das Jahr 1760 geschaffen. Der Bildhauerschmuck stammt von Ignác F. Platzer.

53/ Vom Kleinseitner Brückenturm kann man das rege Leben in der Mostecká ulice beobachten sowie die Kleinseitner Dominante, die Niklaskirche. Christian Dientzenhofer leitete den Kirchenbau in den Jahren 1704–1711, nach ihm, in den Jahren 1737–1751, sein Sohn Kilian Ignaz. Der schlanke Glockenturm wurde im Jahre 1756 von Anselmo Lurago angebaut.

54/ Die Waldsteingasse führt am Fuße des Burgberges entlang und wird zu beiden Seiten von Kleinseitner Adelspalästen gesäumt. Rechts das Kolowrat-Palais (ursprünglich Palais Černín), im Jahre 1784 von dem Architekten Ignác Palliardi geschaffen, der auch den berühmten angrenzenden Terrassengarten anlegte.

55/ Den Garten des Wrtba-Hauses in der Karmelitská-Gasse, der um das Jahr 1720 nach einem Projekt von František Maxmilián Kaňka angelegt wurde, schmücken Plastiken antiker Gottheiten und dekorative Vasen aus der Werkstatt von Matthias Braun.

56/ Das von Jan Simota i. J. 1970 geschaffene Denkmal des Dichters Jan Neruda in den Parkanlagen des Petřín-Hügels ist nicht weit von der Stelle entfernt, wo sich bis zum Jahre 1932 die Újezd-Kaserne befand, in der dieser Klassiker der tschechischen Literatur am 9. Juli 1834 das Licht der Welt erblickte.

57/ Dieser romantische Winkel an den Ufern des Mühlbachs Čertovka, über den der Winter seinen Mantel gebreitet hat, wird von der 1598 im Renaissancestil erbauten Grandprioratsmühle beherrscht.

58/ Prager Venedig wird jener Teil der Kleinseite und der Insel Kampa genannt, der am Mühlbach Čertovka, einem Moldauarm, liegt. Die Häuser stammen aus dem 17. und 18. Jahrhundert.

59/ Die an einer Seite von der Moldau und an der anderen Seite von dem Flußarm Čertovka umspülte Insel Kampa mit ihren Parkanlagen dient den Pragern zu Spaziergängen. Auf dem Gelände, das durch die künstliche Zusammenlegung mehrerer kleiner Inseln entstand, befanden sich ursprünglich nur Gärten. Erst in der zweiten Hälfte des 16. Jahrhunderts begann man hier zu bauen und im nachfolgenden Jahrhundert war die Insel bereits Schauplatz der traditionellen Töpfermärkte.

60/ Das neugeschaffene Atrium an der Waldstein-Reitschule dient als

Eintrittsraum der U-Bahn-Station Malostranská (Kleinseite). Das Milieu der Kleinseite wird hier durch Kopien von Barockplastiken in dem modern angelegten Garten vor der Waldstein-Reitschule vermittelt. Im Vestibül der Station dominiert die Allegorie der Hoffnung, ein Abguß des Originals, das von Matthias Bernard Braun geschaffen wurde und sich im ostböhmischen Schloß Kuks befindet. Die kunstvoll gearbeiteten Gitter greifen Motive der Kleinseitner Hauszeichen auf.

61/ Der rege großstädtische Straßenverkehr dringt zuweilen bis in die stille bizzare Gasse Mišeňská ulice auf der Kleinseite vor, also bis ganz in die Nähe der Karlsbrücke. Von hier gelangt man zur Insel Kampa mit ihrem schönen Park und den Ausblicken auf das Altstädter Moldauufer oder in Richtung des Klárov mit der U-Bahn-Station ,,Malostranská"

62/ Die Karlsbrücke aus der Vogelperspektive vom Kleinseitner Brückenturm aus. Links unten die Dächer des aus dem Jahre 1597 stammenden Renaissancehauses Zu den drei Straußen, wo im Jahre 1714 das erste Prager Kaffeehaus eröffnet wurde. Das wiederhergestellte Haus mit den restaurierten Resten der Fassadenmalereien und den aus der 2. Hälfte des 17. Jh. stammenden Balkendecken wurde in ein Luxushotel umgewandelt.

63/ Das aus dem 13. Jh. stammende und heute im ersten Stock des Renaissancezollhauses Nr. 56/III befindliche Relief gehörte zur ursprünglichen Ausschmückung der Ostfront des Kleinseitner Turms der Judithbrücke, die nach dem Jahre 1165 als erste Steinbrücke über die Moldau geschlagen wurde und bis zum Jahre 1342 stand, als sie durch ein Hochwasser zerstört wurde. Das Relief Lehnsmann und Herr geht wahrscheinlich auf ein Ereignis aus d. J. 1254 zurück; damals ergab sich Přemysl Otakar II. nach seinem gescheiterten Aufstand seinem Vater, Václav I., dessen Thronfolger er war.

64/ Der populäre Türke, zur Statuengruppe mit den Heiligen Johannes von Matha, Felix und Ivan gehörend, bewacht zusammen mit seinem Hund bereits seit dem Jahre 1714 das Gefängnis mit den gefangenen Christen. Damals wurde die berühmte, von Ferdinand Maxmilian Brokof im Auftrag des Grafen Franz Joseph Thun geschaffene Statuengruppe auf der Karlsbrücke aufgestellt, die man zu jener Zeit Steinbrücke nannte.

65/ Blick zu den Kleinseitner Brückentürmen. Der niedrigere und in seinem Kern romanische stammt aus dem 12. Jh. und wurde im Jahre 1591 umgebaut. Der höhere steht vermutlich an der Stelle, wo sich ein älterer romanischer Turm befand, und wurde i. J. 1464 im Auftrag des Königs Jiří von Poděbrady erbaut. Rechts das i. J. 1597 errichtete Renaissancehaus Zu den drei Straußen.

66/ Die feierliche Grundsteinlegung zu der neuen Steinbrücke (heute Karlsbrücke) über die Moldau nahm am 9. Juli 1357 Karl IV. vor. Die Brücke wurde nach den Plänen von Peter Parler erbaut, ist 516 m lang, 10 m breit, ruht auf 16 Pfeilern und besteht aus Sandsteinquadern. Die zu Beginn des 15. Jh. vollendete neue, gotische Steinbrücke ersetzte die ältere romanische Judithbrücke, die hier nahezu zwei Jahrhunderte stand und dann durch das Hochwasser im Jahre 1342 weggerissen wurde.

67/ Die dekorative, den Kampf des Löwen mit einer Chimäre darstellende Konsole ist ein Detail des Bildhauerschmucks des östlichen Torbogens zwischen den Kleinseitner Brückentürmen. Das Tor stammt aus der Regierungszeit des Václav IV., vor dem Jahre 1411.

68/ Der am Ausklang des 19. Jh. umgebaute Gebäudekomplex der einstigen Altstädter Mühlen und des aus dem Jahre 1489 stammenden Wasserwerkturms. Die Ansicht der Gebäudegruppe am Altstädter Ende der Karlsbrücke wird von dem Altstädter Brückenturm aus dem Jahre 1400 beherrscht. Im Vordergrund das Gebäude des ehemaligen Altstädter Wasserwerkes, heute Smetana-Museum.

69/ Blick von der Insel Kampa zu dem Gebäudekomplex, der – ausgenommen die vom Brückenturm verdeckte Südseite – den Kreuzherrenplatz (Křižovnické náměstí) bildet, einen der schönsten Plätze Prags überhaupt. Das ehemalige Kloster der Kreuzherren mit dem roten Stern, dessen schlichte, dem Fluß zugewandte Fassade im Stil des Frühbarocks ausgeführt ist, wurde von dem Architekten Carlo Lurago i. J. 1661 erbaut. An das Gebäude schließt die Franziskuskirche an, ein edles, von dem Architekten Jean B. Mathey in den Jahren 1680–1689 errichtetes Bauwerk mit Kuppel, das zusammen mit dem aus den Jahren 1380–1400 stammenden Altstädter Turm der Karlsbrücke das Bild beherrscht. Zwischen ihnen die Salvator-Kirche, deren auf die Jahre 1600–1601 zurückgehende Stirnseite mit dem Portikus aus den Jahren 1651–1653 zugleich die Frontseite des Platzes bildet.

70/ Die Lichtträgerin von Karel Opatrný betrachtet die Moldau seit 1908. In diesem Jahr wurde der Bau der prunkvollen Svatopluk Čech-

Brücke (Jugendstil), nach einem Projekt von Prof. Jan Koula, vollendet.

71/ Die Renaissancearkaden des Hauses Zu den zwei goldenen Bären, in dem der Schriftsteller und Journalist E. E. Kisch geboren wurde. Nach seiner Rekonstruktion gehört das Gebäude mit dem berühmten, reich geschmückten Renaissanceportal der Direktion des Museums der Hauptstadt Prag.

72/ Der mit einem Renaissancegitter geschmückte Brunnen am Kleinen Ring (Malé náměstí) ist eine hervorragende Arbeit des Kunsthandwerks aus dem Jahre 1560.

73/ Durchsicht zum Altstädter Rathausturm von der Melantrichgasse aus, die zu den ältesten Gassen der Prager Altstadt zählt.

74/ Das große, aus dem Jahre 1520 stammende Renaissancefenster mit der Aufschrift Praga caput regni – Prag, Haupt des Königtums. Es befindet sich an dem Haus in der Mitte jenes gotischen Häuserkomplexes, der zum Altstädter Rathaus umgebaut wurde.

75/ Der Komplex der Rathausgebäude mit dem Turm. Dort, wo der Altstädter an den Kleinen Ring grenzt, sieht man links das aus dem Jahre 1610 stammende Renaissancehaus Zur Minute. Der Sgraffitoschmuck der Fassade stellt biblische und antike Szenen dar. Das klassizistische Löwenstandbild an der Ecke stammt vom Ausklang des 18. Jahrhunderts, als sich hier die Apotheke Zum weißen Löwen befand.

76/ Die astronomische Uhr (Orloj) am Altstädter Rathausturm wurde i. J. 1402 von dem Uhrmacher Nikolaus von Kadaň konstruiert und i. J. 1490 durch Meister Hanuš von der Rose umgebaut. Das Kalenderblatt mit Szenen aus dem Leben des Landvolkes ist eine Kopie des von Josef Mánes i. J. 1864 geschaffenen Originals.

77/ Blick vom Altstädter Rathausturm auf die Südseite des Altstädter Rings und zur Melantrichgasse. Die Stirnseiten der barocken, im Grunde gotischen Häuser stammen größtenteils aus dem 17. und 18. Jahrhundert.

78/ Die dreischiffige Kirche der Jungfrau Maria vor dem Teyn, gegründet im J. 1365, besitzt einen spätgotische Giebel (1463) zwischen zwei 80 m hohen Türmen aus der 2. Hälfte des 15. resp. vom Beginn des 16. Jahrhunderts. Die Häuser vor der Kirche schmücken schöne gotische Arkaden (Mitte des 13. resp. 14. Jh.), in den Kellergeschoßen befinden sich Reste älterer romanischer Bauten.

79/ Der Erker der ehemaligen Kapelle des Karolinums ist ein hervorragendes Beispiel der Prager gotischen Architektur aus der Zeit um 1370. Er schmückte schon das ursprüngliche Rothlev-Haus, das nach dem Jahre 1383 als Grundstock des Gebäudekomplexes des Karls-Kollegs (Karolinum) diente.

80/ Das von Ladislav Šaloun geschaffene Denkmal von Magister Jan Hus wurde im Jahre 1915, anläßlich des fünfhundertsten Jahrestags seiner Verbrennung in Konstanz, in der Mitte des Altstädter Rings aufgestellt.

81/ Das in den Jahren 1967–1974 an der Ecke der Pařížská ulice erbaute Hotel Inter-Continental ist die modernste Touristenunterkunft im Zentrum der Altstadt (Architekten: Karel Bubeníček, Karel Filsak, Jaroslav Švec).

82/ Die Altneusynagoge, erbaut um das Jahr 1270, ist das älteste erhaltene Bauwerk dieser Art in Europa und zugleich hervorragendes Beispiel des frühgotischen Baustils in Prag. Das reichgegliederte Interieur des Baus zeichnet sich durch ein fünfgliedriges Gewölbe aus, das hierzulande ein Unikat darstellt. Am Anfang des 14. Jh. wurde eine Vorhalle hinzugebaut und das Gebäude erhielt Backsteingiebel. Das Seitenschiff (bestimmt für Frauen) stammt aus dem 18. Jahrhundert.

83/ Die von Ladislav Šaloun geschaffene Statue des Rabbi Jehuda Löw ben Bezalel – der Sage nach Erschaffer des Golems – schmückt die Ecke des Neuen Rathauses, das in den Jahren 1908–12 nach den Plänen des Architekten Osvald Polívka im späten Jugendstil erbaut wurde.

84/ Auf dem in der Mitte des 15. Jahrhunderts angelegten Alten jüdischen Friedhof gibt es nahezu 20 tausend Grabsteine; der älteste Grabstein stammt aus dem Jahre 1439. Seit dem Jahre 1787 wurde hier niemand mehr begraben.

85/ Die Türme der Jakobskirche und der Kirche Maria vor dem Teyn sind mit Gerüsten umgeben – ein Zeichen der ständigen Fürsorge für architektonische Denkwürdigkeiten. Die ursprünglich gotische Jakobskirche, nach dem Veitsdom das längste Gotteshaus in Prag, wurde infolge eines Brandes im Jahre 1689 durch Jan Šimon Pánek im Barockstil umgebaut. Ihrer ausgezeichneten Akustik wegen ist die Jakobskirche als Konzertsaal begehrt.

86/ Der Kreuzgang des zum nationalen Kulturdenkmal erklärten Klosters der seligen Agnes. Es wurde von den Königen Václav I. und Přemysl Otakar II. in den Jahren 1234–1282 erbaut und ist der älteste erhaltene frühgotische Sakralbau in Böhmen. In dem ausgedehnten Komplex wurde nach gründlichen Untersuchungen und nach seiner Rekonstruktion die Ausstellung der tschechischen Malerei und des Kunsthandwerks aus dem 19. Jahrhundert installiert, die der Nationalgalerie und dem Kunstgewerbemuseum in Prag gehört.

87/ Die malerischen gotischen Lauben in der Havelská in der Altstadt, die Teil des mittelalterlichen Marktplatzes waren. In den prunkvollen gotischen und Renaissancehäusern mit frühbarocken Fassaden sind die ursprünglichen Rippengewölbe erhalten.

88/ Das Kaufhaus Prior-Kotva, das modernste Prager Warenhaus, ist zugleich eines der größten in Europa, was die Architektur, die technische Ausstattung und den Personalstand anbelangt. Es wurde in den Jahren 1970–1975 nach einem Projekt der Architekten Věra und Vladimír Machonin errichtet.

89/ Das Hotel Paříž gegenüber dem Repräsentationshaus ist ein interessantes Bauwerk (Neugotik-Jugendstil), ein Werk der Architekten Antonín Pfeiffer und Jan Vejrych aus dem Jahre 1904. Der Mosaikschmuck an der Fassade (Keramik) stammt von Jan Köhler.

90/ Das Repräsentationshaus der Hauptstadt Prag (Obecní dům) wurde in den Jahren 1906–1911 nach den Plänen von Osvald Polívka und Antonín Balšánek an jener Stelle errichtet, wo der um das Jahr 1380 durch Václav IV. erbaute Königshof stand. Die Fassade (siehe Bild) ist mit Mosaiken von Karel Špilar „Huldigung für Prag" geschmückt. An der Ecke des Gebäudes die durch Čeněk Vosmík geschaffene Statue des Matěj Rejsek, Erbauer des Pulverturms. Der von ihm nach 1475 im spätgotischen Stil erbaute, durch Wladislaw Jagiello in Auftrag gegebene Turm wurde während der Belagerung Prags durch die Preußen stark beschädigt und während der Jahre 1875–1886 von Josef Mocker im neugotischen Stil umgebaut. Gegen Ende des 17. Jh. diente er als Pulverkammer, daher stammt auch seine Bezeichnung.

91/ Das Tyl-Theater, ein klassizistisches Bauwerk aus den Jahren 1781 bis 1783, wurde nach Plänen des Architekten Anton Haffenecker im Auftrag des Grafen Franz Anton Nostitz-Rieneck erbaut. Im Jahre 1787 wurde hier Mozarts Oper Don Giovanni uraufgeführt, im Jahre 1834 das Werk Fidlovačka von J. K. Tyl mit dem Lied Kde domov můj (Wo ist meine Heimat?), das später zur Nationalhymne erklärt wurde.

92/ Im Anschluß an den Bau der Trasse IB der Prager Metro entstanden ausschließlich für Fußgänger bestimmte Zonen. Die lebhafteste umfaßt auch die frühere frequentierte Kreuzung Na můstku. Den Palast Koruna, mit einer Krone oben auf dem turmähnlichen Eckteil versehen, entwarf im Jahre 1911 Arch. Antonín Pfeiffer. Der plastische Schmuck ist ein Werk Vojtěch Suchardas.

93/ Vom Neustädter Wasserturm, an dem man i. J. 1495 zu bauen begann und der zuletzt nach der Bombardierung durch die Schweden i. J. 1648 einen Umbau erfuhr, wurde das Wasser durch eine hölzerne Rohrleitung zu den Brunnen der Neustadt geleitet. Man nannte das Bauwerk auch Šitkaturm nach Jan Šitka (†1451), dem Besitzer der benachbarten Mühlen, die 1930 niedergerissen und durch das von dem Architekten O. Novotný im konstruktivistischen Stil erbaute Haus Mánes ersetzt wurden. Heute hat hier u. a. der Verband der tschechoslowakischen bildenden Künstler seinen Sitz.

94/ Das Ufer der Moldau beim Brückenkopf der Brücke des 1. Mai wird von dem schönsten Werk der tschechischen Architektur des 19. Jahrhunderts – dem Nationaltheater – beherrscht. Dieser ,,Dom der Wiedergeburt" wurde nach Plänen des Architekten Josef Zítek errichtet. In den Jahren 1868–1881 vollendete Josef Schulz den Bau, der aus dem Ertrag freiwilliger Spenden des ganzen Volkes finanziert worden war.

95/ Die ehemalige Klosterkirche Na Slovanech, auch Marienkirche von Emaus genannt, wurde von Karl IV. im Jahre 1347 für Benediktinermönche gegründet, die sich mit der slawischen Liturgie befaßten. Sie war ein bedeutsames Zentrum der Bildung und der Kultur der damaligen Zeit. Der Kreuzgang ist mit gotischen Wandmalereien aus der Zeit um 1360 geschmückt. Unmittelbar vor dem Ende des zweiten Weltkrieges wurden Kloster und Kirche bei einem Luftangriff schwer beschädigt und die Restaurierungsarbeiten gestalteten sich sehr kostspielig. Die moderne Fassade mit den Türmen ist ein Werk des Architekten František M. Černý aus dem Jahre 1967.

96/ Eine interessante, sagenumwobene Denkwürdigkeit im Karlach-Park auf dem Vyšehrad sind die drei uralten, einfach behauenen, walzenförmigen Gebilde, ursprünglich vielleicht Säulen von unbekannter Zweckbestimmung.

97/ Der Vyšehrad, heute nationales Kulturdenkmal, einst zweite Prager Burg, seit dem 10. Jahrhundert Fürstensitz, im 12. Jahrhundert Residenz der Könige, beherrschte einen strategisch wichtigen Punkt hoch über der Moldau am Rande der Prager Talmulde. Seine Bedeutung erkannte Karl IV., der hier eine gotische Festung mit starkem, turmartigen Haupttor anlegte. Im Jahre 1420 wurde die Burg von den Hussitenheeren zerstört und gestaltete sich dann graduell zu einem Städtchen. Die mächtigen Ziegelmauern dokumentieren die im Jahre 1654 erfolgte Verwandlung des Vyšehrad in eine barocke Zitadelle.

98/ Auf dem Friedhof von Vyšehrad, heute Begräbnisstätte verdienter Persönlichkeiten der tschechischen Wissenschaft und Kultur, ist das mit Plastiken von Josef Mauder aus d. J. 1892 geschmückte Gruppengrabmal Slavín dominierend. Die architektonische Gestaltung des Friedhofs wurde in den Jahren 1889–93 durch Antonín Wiehl ausgeführt, von dem auch das Projekt des Slavín stammt.

99/ Turm des neugotischen Rathauses an der Nordseite des größten Prager Platzes, der zusammen mit der Prager Neustadt i. J. 1348 von Karl IV. angelegt wurde. Zwischen 1843–63 wurde der Platz in einen Park umgewandelt. Der Turm entstand in den Jahren 1452–56. Das Standbild des Predigers Jan Želivský vor dem Rathaus erinnert an ein historisches Geschehnis – den Fenstersturz der Neustädter Ratsherren als Beginn der Hussitenkriege. Das Objekt wurde zum nationalen Kulturdenkmal erklärt.

100/ Das Gebäude des Zentralrats der Gewerkschaften (ROH), seinerzeit modernstes Hochhaus in Prag, wurde in den Jahren 1930–32 nach einem Projekt der Architekten Josef Havlíček und Karel Honzík erbaut. Das vor dem Gebäude i. J. 1978 aufgestellte Standbild des ersten Vorsitzenden der Revolutionären Gewerkschsftbewegung (ROH) und späteren Staatspräsidenten, Antonín Zápotocký, wurde von J. Simota geschaffen.

101/ Die Kuppel über der Stirnwand des Repräsentationshauses der Hauptstadt Prag (siehe Text zu Bild 90). Die Interieurs dieses im Jugendstil erbauten Gebäudes, dessen bemerkenswertesten Teil der geräumige

Smetana-Saal bildet, sind mit Schöpfungen der hervorragendsten Bildhauer und Maler jener Zeit geschmückt.

102/ Das Wladimir-Iljitsch-Lenin – Museum in Hybernská, heute nationales Kulturdenkmal, war ursprünglich ein um das Jahr 1660 im Stil des Frühbarocks erbautes Palais. Im Jahre 1907 wurde es von einer Arbeitergenossenschaft erworben und ging als das Volkshaus (Lidový dům) in die Geschichte ein. Im Jahre 1912 fand hier die von W. I. Lenin geleitete VI. Konferenz der sozialdemokratischen Arbeiterpartei Rußlands statt. Die Schlacht um den Besitz des Volkshauses im Jahre 1920 war ein Vorbote der Gründung der KPTsch.

103/ Blick von der Rampe des Nationalmuseums auf den Wenzelsplatz, gesellschaftliches, verkehrstechnisches und Geschäftszentrum Prags. Die allegorischen Statuen auf der Rampe, über denen Čechie als Symbol der Nation thront, wurden von Antonín Wagner in Stein geschaffen.

104/ Das Adam-Apotheke genannte Haus, errichtet nach den Plänen des Architekten Matěj Blecha, ist ein Beispiel distinguierter Architektur aus der Zeit vor dem ersten Weltkrieg. Das angrenzende konstruktivische Haus der Schuhe entstand in den Jahren 1928–1929 nach dem Projekt von Ludvík Kysela.

105/ Dem Wenzelsplatz (Václavské náměstí) dominiert das monumentale Nationalmuseum, in den Jahren 1885–1890 nach den Plänen des Architekten Josef Šulc im Stil der tschechischen Neurenaissance an der Stelle des sog. Roßtores erbaut. Die Grünanlagen des größten Prager Boulevards, der 682 m lang und 60 m breit ist, stammen aus den Jahren 1982 und 1986, nachdem die Inbetriebnahme der Metro den gesamten Massenverkehr vom Wenzelsplatz verbannte.

106/ Die zentrale Treppenhalle des Nationalmuseums ist mit Bronzeplastiken von Antonín Popp und Bohuslav Schnirch geschmückt. Die Wände der Gänge hinter den Arkaden zieren sechzehn Bilder tschechischer Burgen von Julius Mařák.

107/ Der Sitz der Föderalversammlung der ČSSR entstand in den Jahren 1967–72 nach den Plänen, für die Architekt Karel Prager und Kollektiv verantwortlich zeichneten. In den Bau wurde auch das Gebäude der ehemaligen Börse einbezogen, das der Architekt Jaroslav Rössler in den Jahren 1936–38 geschaffen hatte. Die Straße des Februarsiegs (Třída Vítězného února) stellt bei der urbanistischen Umgestaltung des Verkehrs-systems von Prag einen Teil des inneren Autobahnrings dar.

108/ In unmittelbarer Nachbarschaft des Nationalmuseums entstehen neue architektonische Dominanten. Die Architektur des Gebäudes in der Vinohradská třída, in dem das Föderalministerium für Brennstoffe und Energetik untergebracht ist, nutzt den Kontrast zwischen der schwe-ren Stahlkrone und dem eigentlichen Glasmantel. Das Gebäude wurde von Vladimír Aulický, Jiří Eisenreich, Ivo Loos und Jindřich Malátek i. J. 1977 entworfen.

109/ Die frequentierte Station Leninova, Endstation der Trasse A der Metro, ist 257 m lang und 19 m breit. Zum großen Teil verläuft sie unter der Einmündung der Leninova třída in den Stadtplatz Říjnové revoluce in Dejvice.

110/ Eines der von Josef Malejovský geschaffenen Reliefs, die das bron-zene Fronttor der Nationalen Gedenkstätte auf dem Žižkov schmücken, stellt den hussitischen Heerführer Jan Žižka von Trocnov im Kampf mit den Kreuzrittern (1420) dar.

111/ Die Nationale Gedenkstätte auf dem Žižkov (nationales Kultur-denkmal), ein von dem Architekten Jan Zázvorka in den Jahren 1929–32 errichteter Monumentalbau, dient als Grabstätte hervorragender Reprä-sentanten der Arbeiterklasse. Hier ruhen auch die sterblichen Überreste des Unbekannten tschechoslowakischen und sowjetischen Soldaten. Die Reiterstatue ,,Jan Žižka von Trocnov" wurde von Bohumil Kafka ge-schaffen und zum Gedenken an den Sieg der Hussiten über die Kreuz-ritter in einer Schlacht aufgestellt, die i. J. 1420 an diesem Orte geschlagen wurde.

112/ Blick vom Letná-Plateau zur Moldau über die in den Jahren 1953–56 entstandenen Parkanlagen (Architekt Vlastimil Durdík und Kollektiv). Im Vordergrund die 1635 im Stil des Frühbarocks erbaute Rundkapelle der hl. Maria Magdalena, im Hintergrund die den Klárov mit dem Alt-städter Ufer verbindende Mánes-Brücke, dahinter die Bogen der go-tischen Karlsbrücke. Rechts der Hügel Petřín.

113/ Die Gedenkstätte auf dem ehemaligen Militärschießplatz in Kobylisy, wo die Nazis während der Okkupation und namentlich nach dem Attentat auf Heydrich Massenhinrichtungen vornahmen. Die Statue, eine Frau in tiefer Trauer darstellend, wurde von M. Zet geschaffen. Das im Jahre 1975 pietätvoll gestaltete Areal ist ein nationales Kulturdenkmal.

114/ Denkmal am Platz der Sowjetischen Panzersoldaten in Prag-Smíchov. Auf einem Steinsockel wurde zum Andenken an die Befreiung Prags am 9. Mai 1945 durch die Sowjetarmee der legendäre Panzer Nr. 23 aufgestellt.

115/ Die Wohnsiedlung Gartenstadt (Zahradní Město) entstand in den Jahren 1966–1970 nach einem Projekt der Architekten Gorazd Čelechovský und Jiří Hromas.

116/ Die Abfertigungshalle der Tschechoslowakischen Aerolinien in Ruzyně ist das Werk eines Autorenkollektivs des Militärischen Projektierungsinstituts in Prag. Der in den Jahren 1959–1968 entstandene neue Flugplatz steht mit fünfzig Städten der ganzen Welt in Verbindung. Hier werden 57 000 Landungen im Jahr durchgeführt und mehr als zwei Millionen Passagiere abgefertigt.

117/ Das in den Jahren 1975–1976 entstandene Gebäude des Außenhandelsunternehmens Koospol im Stadtviertel Vokovice ist architektonisch-urbanistisch modern gelöst. Das Projekt stammt von den Architekten Vladimír Fencl, Stanislav Franc und Jan Nováček.

118/ Zum Bau des Lustschlosses Stern (Hvězda), der in den Jahren 1555 bis 1556 nach einem Projekt des Bauherrn, Erzherzog Ferdinand von Tirol, ausgeführt wurde, trugen die italienischen Architekten Giovanni Aostalli und Giovanni Luchese bei. Die Interieure des Saals im Parterre weisen reichen Stuckwerkschmuck auf, dessen Sujets der antiken Mythologie entnommen sind. Dieses nationale Kulturdenkmal wurde in den Jahren 1945–1951 von dem Architekten Pavel Janák restauriert. Die unmittelbare Umgebung war am 8. November 1620 Schauplatz der tragischen Schlacht am Weißen Berge, in der die Heere der böhmischen Stände von der Katholischen Liga und Ferdinand II. aufs Haupt geschlagen und in die Flucht gejagt wurden.

119/ Am Šárecký Bach befindet sich das Staubecken Džbán. An seinem Ufer entstand nach einem Projekt von Arch. Zdeněk Drobný ein beliebtes Prager Strandbad. Der Bach setzt seinen weiteren Lauf durch das zerklüftete Tal des Naturschutzgebietes Divoká Šárka fort.

120/ Quer durch die Wohnsiedlung Červený vrch im Stadtviertel Dejvice, deren Bau im Jahre 1958 begonnen wurde, verläuft die zum Flugplatz Ruzyně führende Leninstraße. Leitender Projektant der Wohnsiedlung war Architekt Milan Jarolím.

121/ Bei dem i. J. 1977 zu Ende geführten Bau des Repräsentationsgebäudes des Außenhandelsunternehmens Kovo im Stadtteil Holešovice (Projektanten Zdeněk Edel, Luděk Štefek, Josef Matyáš und Pavel Štech) wurde die Spiegelungswirkung der Determalglasfläche an der Fassade genutzt.

122/ Der Baumgarten (kgl. Tiergarten, genannt Stromovka) wurde in der ersten Hälfte des 14. Jh. durch Johann von Luxemburg angeregt und erlangte größere Bedeutung zur Zeit der Renaissance, als man hier u. a. einen Teich anlegte, der durch den langen Rudolfsstollen mit Moldauwasser gespeist wurde. Im Jahre 1804 wurde der Baumgarten auf Veranlassung des Grafen Karl Rudolf Chotek der Öffentlichkeit zugänglich gemacht und ist bis zum heutigen Tag ein vielbesuchter Erholungsort der Prager geblieben.

123/ Der Kongreßpalast, ursprünglich Industriepalast genannt, wurde von dem Architekten Bedřich Münzberger als Hauptobjekt der Prager Jubiläums-Landesausstellung vom Jahre 1891 erbaut. Die Eisenteile der Konstruktion wiegen 800 Tonnen und der Bau wurde binnen fünf Monaten vollendet. Zuletzt wurde der Palast in den Jahren 1952–1956 von dem Architekten Pavel Smetana rekonstruiert. Er ist vor allem als Tagungsort zahlreicher bedeutsamer politischer Veranstaltungen bekannt.

124/ Der große Saal des im Stil des Frühbarocks erbauten Lustschlosses Troja wurde unter großem Aufwand mit allegorischen Decken- und Wandmalereien geschmückt, die der Maler Abraham Godin aus Antwerpen in den Jahren 1690–1697 ausführte. Diese von dem Architekten Jean B. Mathey in den Jahren 1679–1685 geschaffene schönste Villegiatur Prags schmückt ein imposanter Gartentreppenaufgang mit Plastiken von Johann Georg und Paul Heermann, die den Kampf der Götter mit den Titanen darstellen. In dem angrenzenden Garten wurden zum ersten Male in Böhmen und Mähren Motive der französischen Gartenplanung genutzt.

125/ Am Rande des Letná-Parkes wurde im J. 1960 das Restaurant Praha Expo nach einem Projekt von František Cubr, Josef Hrubý und Zdeněk Pokorný erbaut. Der glücklich gewählte Standort des Restaurants, das während der Weltausstellung EXPO 1958 dem tschechoslowakischen Ausstellungspavillon in Brüssel angeschlossen war, bietet einen überaus schönen Ausblick in das Prager Becken und auf die Moldau.

126/ Über dem monumentalen Gebäudekomplex der Fernmeldezentrale in Prag-Žižkov thront ein von weitem sichtbarer Turm, dessen Silhouette dem Panorama Prags ein neues, nicht traditionell komponiertes Element hinzufügt. Das Projekt stammt von František Cubr, Josef Hrubý, Zdeněk Pokorný, František Štráchal und Vladimír Oulík. Die Internationale Fernmeldezentrale wurde i. J. 1980 in Betrieb genommen.

127/ Das Gebäude des Außenhandelsunternehmens Centrotex im Prager Stadtviertel Pankrác befindet sich nahe der Station ,,Prager Aufstand'' (Pražské povstání) der Linie C der Prager U-Bahn. Es wurde nach einem Projekt des Architekten Václav Hilský in den Jahren 1974–78 erbaut.

128/ Das von J. Novák i. J. 1970 geschaffene und in der Novodvorská-Siedlung aufgestellte Bildhauerwerk ,,Fontäne der Ferne'' kann als Beweis dafür gelten, daß moderne Plastiken den Wohnblocks unserer Epoche einen höheren architektonischen Wert verleihen können.

129/ Das Schwimmstadion im Stadtviertel Podolí entstand nach einem Projekt der Architekten Richard Podzemný und Gustav Kuchař in den Jahren 1959–65 an der Stelle einer ehemaligen Zementfabrik und eines Steinbruchs, dessen Felsen den zahlreichen Besuchern dieser beliebten Erholungsstätte guten Schutz vor Unwetter bieten.

130/ Die in den Jahren 1967–1973 nach einem Projekt der Architekten Vojtěch Michálek und Stanislav Hubička erbaute Klement-Gottwald-Brücke wurde während der siebziger Jahre unseres Jahrhunderts zusammen mit dem Kulturpalast zum Symbol der Bautätigkeit in Prag. Der nach einem Projekt von Jaroslav Mayer, Vladimír Ustohal, Antonín Vaněk und Josef Karlík begonnene und i. J. 1981 vollendete Bau hat in bezug auf Mehrzweckausstattung und Größe (mehr als 5000 Sitzplätze) in der ČSSR nicht seinesgleichen.

131/ Das neue Gebäude der urologischen Klinik der Karlsuniversität am Karlov wurde nach dem Jahre 1976 errichtet. Das Projekt stammt von den Architekten Vratislav Růžička und Boris Rákosník.

132/ Der Chinesische Pavillon in der Nähe des Anwesens Cibulka in Košíře trug einst ein Dach, an dem Glöckchen befestigt waren, die im Winde ertönten. Das nach dem Jahre 1817 entstandene Anwesen ist von einem Naturpark umgeben, der weitere Schöpfungen der romantischen Architektur und Kuriositäten der Bildhauerei birgt, die noch der Rekonstruktion harren.

133/ Blick zu den der Nationalgalerie gehörenden Sammlungen neuzeitlicher Bildhauerkunst, die im Schloß Zbraslav, einer ehemaligen Klosterprälatur, untergebracht sind. Der Repräsentationsraum im Bild ist mit einer Deckenmalerei von Václav Vavřinec Rainer (1728) und Franz Xaver Balko (1743) geschmückt. Das im 13. Jh. gegründete und während der Hussitenkriege zerstörte Kloster wurde zunächst nach Plänen von Johann Santini Aichel (1709) wiedererrichtet, doch erst František Maxmilián Kaňka führte die Arbeiten nach dem Jahre 1724 zu Ende.

134/ Das nach Evžen Rošický benannte Stadion gehört zum Komplex von drei Sportplätzen, die seit dem Jahre 1932 am Strahov angelegt wurden. Zuletzt wurde das Areal i. J. 1978 aus Anlaß der hier ausgetragenen Athletik-Europameisterschaft erweitert und völlig umgebaut.

135/ Am Brückenkopf der Klement Gottwald-Brücke in Pankrác beginnen sich neue Dominanten des sozialistischen Prags zu erheben. Gleich hinter den zwei Türmen der Peter und Paulkirche am Vyšehrad sehen wir den riesigen Kulturpalast (s. B. 130), in der Nähe das massive Gebäude der Außenhandelsgesellschaft Centrotex, den 100 m hohen Turm von Motokov und den Umriß des Luxushotels Panorama, alle an den Stationen der Metrotrasse C, die in der Südstadt (links Hintergrund) endet.

136/ Das Panorama Prags, vom Berg Vítkov gesehen, am Horizont die Silhouette der Prager Burg als Symbol der tschechoslowakischen Staatlichkeit. Im Hintergrund durch weiße Konturen hervorgehobene Wohnsiedlungen des neuen, sozialistischen Prags.

137/ Ein Kleinseitner Motiv: Gärten unterhalb des Hügels Petřín in voller Blüte. Die dekorative Vase gehörte ursprünglich zur Ausschmückung des Königspavillons bei der Jubiläumsausstellung 1891 in Prag.

CAPTIONS

Introductory Photos

1/ View from Kampa Island of the Old Town (Staré Město) Tower of Charles Bridge (circa 1380–1400) and the tower of the former Old Town Waterworks from 1489.

2/ Panoramic view of Prague Castle (Hrad) taken from an unusual angle – across a sea of chimneys of the Lesser Town (Malá Strana) houses, concealing the masonry of the Gothic tower gateway to the one-time bishop's residence, destroyed during the Hussite wars.

3/ Detail of sculptural decoration (corbel) on the western side of the gateway between the Lesser Town Towers of Charles Bridge.

4/ View of Prague from the blossoming slopes of Petřín. In the lower part of the photo is the dome of the former Lesser Town Church of St Mary Magdalene; in the background at right the silhouette of the National Memorial on Žižkov Height.

5/ Prague Castle and the arches of Charles Bridge, as seen from the Novotný footbridge near the Smetana Embankment, produce an unforgettable impression.

6/ The Ethnographic Department of the National Museum in Prague, housed in the Empire summer palace built between 1827 and 1831, is in the picturesque park at the foot of Petřín.

7/ An enchanting view of the white roofs of the Lesser Town and Hradčany is one's reward for a walk in winter across Charles Bridge.

8/ Quiet nooks of modest little streets on Kampa Island are brought to life by the summer sun's lacy shadows dancing on the stones.

9/ The smaller of the two Lesser Town Bridge Towers is Romanesque dating from the 12th century and was once part of the first stone bridge spanning the Vltava.

Illustrated supplement

10/ View of Prague Castle and the Vltava basin from the scenic path beginning below Strahov Monastery. At left, in the foreground, is the Renaissance gable of Schwarzenberg Palace.

11/ From the southern façade of the great tower of St Vitus's Cathedral an unusual picture comes into view of the Renaissance gallery with an onion-shaped roof (see No. 17) and the southern part of the Castle Third Courtyard. In the background is the green dome of the Church of St. Nicholas amidst a sea of Prague rooftops, intersected by the River Vltava.

12/ Matthias Gateway from 1614 at the First Courtyard of Prague Castle was built from a design by Giovanni Maria Filippi. originally over the Castle moat. The moat was filled in prior to 1762 and transformed into a cour d'honneur, designed by Nicolas Pacassi – the architect of the adjacent buildings. The columns of the Gateway are adorned by copies of sculptural Giants, the work of Ignác František Platzer in 1768.

13/ The hall known as Rudolph's Gallery was built in 1589–1606 from a design by Antonio Valenti and Giovanni Gargioli. Originally it housed the art collections of Rudolph II and was called the Treasury. In 1865–1868 it was remodelled by Ferdinand Kirschner and Paul de Vigne into a hall for social functions.

14/ Riders' Staircase in the Old Royal Palace at Prague Castle is noted for its Late Gothic rib-ridge vault, the work of Benedict Ried (circa 1500). It gave access to Vladislav Hall directly from old St George's Square.

15/ Vladislav Hall, the largest vaulted secular room of its time (62 m long, 16 m wide, 13 m high), the work of Benedict Ried from 1486–1502, was commissioned by Vladislav Jagiello to replace the earlier Gothic Palace of Charles IV. The audacious design of Late Gothic ribbed vaulting is complemented on the northern wall by three windows of a later date, belonging to the new Renaissance style.

16/ The equestrian statue of St George fighting the dragon, the work of Jiří and Martin of Cluj, circa 1373, was restored in the 16th century and originally stood at St George's Square, then in front of the Old Royal Palace, and then at the baroque fountain near the ramp in front of the old residence and offices of the Provost of the Cathedral Chapter. According to a design by Josip Plečnik, it was moved in 1928 to the reconstructed Third Courtyard where it was replaced by a copy (the original can be found in the exhibition of Czech art in the Convent of St George).

17/ The Cathedral of St Vitus was in the process of construction from mid-14th century to the beginning of this century. The big main tower, 99.6 m high, was built from a design by Peter Parler in 1396–1406. The tower of the western façade is part of the neo-Gothic addition to the Cathedral, from 1873 to 1929. In the foreground is the former residence and offices of the Provost of the Cathedral Chapter, originally a Romanesque Bishop's Palace reconstructed in the 17th century. The monolith of Mrakotín granite was set up in 1928 when the Third Courtyard was rebuilt to its present appearance from a design by Josip Plečnik.

18/ The Late Gothic Royal Oratory, built in St Vitus's Cathedral in 1493 by Benedict Ried and Hans Spiess, is decorated with naturalistic motifs in the form of intertwined branches and the emblems of the Lands ruled by Vladislav Jagiello, who also commissioned construction of Vladislav Hall.

19/ The marl statue of St Wenceslas above the altar in the Chapel of St Wenceslas in St Vitus's Cathedral is the work of the Parler lodge. Originally a polychrome statue, it was hewn, perhaps, by Parler's nephew Henry in 1373, and painted by Osvald, the court painter of Charles IV.

20/ The Czech crown jewels, a National Cultural Treasure. The oldest of them is the so-called St Wenceslas Crown, ordered by Charles IV in 1346 according to the model of the Přemyslid crown. The smooth headband of pure gold branches out into four heraldic lilies. The crown is decorated with 91 spinels, sapphires, emeralds and rubies, and 20 pearls of incalculable value. At the top of the arched cross is a gold cross with sapphire decoration. The Renaissance sceptre and orb are from the second half of the 16th century, adorned with sapphires, spinels, pearls and enamel.

21/ The bust of Princess Anne of Świdnica from the inner, originally Gothic, part of the Cathedral's triforium, is part of a sculptural gallery showing 21 members of the Luxembourg ruling family, Prague archbishops, directors and builders of the Cathedral. The portraits were produced between 1374 and 1385 by members of the Parler lodge.

22/ View of the Gothic choir of St Vitus's Cathedral, whose construction was begun in 1344 by Matthias of Arras and completed by Peter Parler in 1385. At the end of the 19th and beginning of the 20th centuries the Cathedral was rebuilt in neo-Gothic style by Josef Mocker and Kamil Hilbert. The triple-nave edifice with an aisle encircled by apsidal chapels is 124 m long, 60 m wide and 33 m high. The vault is carried by 28 pillars.

23/ The southern entrance to the Cathedral, the so-called Golden Portal (Porta aurea), leading to the transept nave, was built by Peter Parler in 1366–1367. The mosaic on the front wall, made of Bohemian glass, is a rendition of The Last Judgement, the work of Venetian artists from 1370–1371. The kneeling figures on either side of the central arch represent Charles IV and Elisabeth of Pomerania.

24/ The suspended keystone in the Old Sacristy of the Cathedral (Chapel of St Michael) from 1362 is a typical example of Peter Parler's innovatory approach to the concept of Gothic architecture at the time. It defies the verticality, upward movement, the flying buttresses and ribs.

25/ Interior of the Romanesque Basilica of St George established in 920, rebuilt after 1142 and restored in 1888–1917 and 1958–1962. In the middle of the nave in front of the staircase (1731) is the tombstone of Prince Boleslav II (†999), founder of the adjacent convent; at right, the Gothic wooden painted tomb from the end of the 15th century over the resting place of the founder of the church, Prince Vratislav (†921). On the vault of the choir, fragments of Romanesque, Gothic and Renaissance paintings have survived.

26/ Through the Romanesque windows of the White Tower of St George's Basilica one looks down Jiřská Street to the Black Tower, where the Prague Castle grounds end, and much further east, where the Vltava divides the city into two parts and makes a U-turn heading north.

27/ The Czech baroque art collection of the National Gallery in Prague is housed in the reconstructed compound of the Convent of St George. This first women's convent in Bohemia, for nuns of the Benedictine Order, was founded in 973 by Mlada, sister of Prince Boleslav II. Following very costly reconstruction in 1962–1974 (architects František Cubr, Josef Pilař), it is now used by the National Gallery.

28/ Zlatá ulička (Golden Lane) is one of the most frequently visited sites at Prague Castle. The row of little houses built into the Late Gothic wall from the end of the 16th century housed the Castle gunners, servants and later the poor. Originally it was called Zlatnická (Goldsmith) Street because the houses of goldsmiths stood here.

29/ Royal Summer Palace (Belvedere), commissioned by Ferdinand I of Habsburg together with the adjacent garden for royal celebrations, was built according to a design by the stonecarver and architect Paolo della Stella from 1538. The rooms of this building, of purest Renaissance style north of the Alps, were restored in mid-19th century and are used for exhibitions. The bronze fountain was cast by Tomáš Jaroš in 1564–1568 from a design by Francesco Terzio. Because of the melodic sounds the drops of water make it is called the Singing Fountain.

30/ From the garden in front of the Royal Summer Palace a majestic view opens up of the richly articulated, onion-shaped roof of the great tower and northern side of St Vitus's Cathedral.

31/ A picturesque nook in what originally was the Castle outskirts, called New World and incorporated into the town of Hradčany after 1360. In these small, and especially baroque houses, lived the poor and servants.

32/ This statue of St John of Nepomuk, moved several times until it came to rest not long ago on Černínská Street of the New World, is one of countless baroque statues of this saint by unknown craftsmen in our country.

33/ Černín Palace was built in 1669–1697 from a design by architect Francesco Caratti for a leading diplomat of that time, Jan Humprecht Černín of Chudenice. In 1851 the palace was transformed into barracks, but after very careful remodelling carried out by architect Pavel Janák in 1928–1932 it has become the dignified headquarters of the Ministry of Foreign Affairs.

34/ Loretto Square at Hradčany resulted from clearing away and laying out the ground in front of Loretto. The façade of this one-time pilgrimage site, decorated with statues by Jan Bedřich Kohl, is the work of Kilián Ignác Dienzenhofer and was built from 1720 to 1722. The world famous carillon in the early baroque tower was the work of Prague clockmaker Petr Naumann in 1694. The Loretto houses a treasury with famous 17th and 18th century liturgical objects, gems and jewels.

35/ Vista of a pass whose steep steps link Hradčany's Loretánská Street and Úvoz, originally called Deep Path. In the background is the wooded Petřín Height.

36/ This view tower dates from the Lands Jubilee Exhibition, held in Stromovka Park in 1891. It is 60 m high and can be seen from afar as it stands at the top of Petřín Height, whose many parks and gardens are places of rest for the residents of Prague.

37/ A view inside Šternberk Palace at Hradčany Square which houses the European art collection of the National Gallery. This outstanding High Baroque structure was built for Václav Vojtěch of Šternberk in 1698–1707 by architects Domenico Martinelli and Giovanni Battista Alliprandi.

38/ The Archiepiscopal Palace at Hradčany Square, originally the Renaissance home of the Griepeks, was remodelled in 1562–1564 according to a project by architect Udalrico Aostalis into the residence of Prague archbishops. The baroque reconstruction in 1669–1674 was undertaken by Burgundian Jean Baptiste Mathey, but the rococo façade, whose author is Jan Josef Wirch, dates from 1763–1764.

39/ The main façade and courtyard of the Renaissance Martinic Palace at Hradčany Square is decorated with figural sgrafitti showing biblical and mythological scenes. This building, which had fallen into disrepair and was redesigned into a block of flats, was restored in 1968–1971 at great cost. During restoration the original painted ceilings were uncovered as well as the paintings based on cartoons by Albrecht Dürer, near the entrance to the chapel. Today the palace is the office of the Head Architect of Prague, and concerts and exhibitions are held in its rooms.

40/ The South Garden of Prague Castle was built up and laid out in 1562 and landscaped in modern style in 1928–1931. On the Ramparts garden has a decorative staircase by Josip Plečnik. Promenade concerts take place here in summer.

41/ From the South Garden of Prague Castle looking out over the Vltava basin, the imposing baroque dome of the Church of St Nicholas towers over the convex tile roofs of the Lesser Town. At right, below, are the Renaissance gabled contours of the Palace of the Lords of Hradec.

42/ House number 189/III with the sign At the Golden Lion stands at the so-called New Castle Steps which replaced the old route leading from Prague Castle to the Lesser Town.

43/ If you look down from the South Castle Garden to the Castle Steps you cannot miss the small house number 188/III that seems to lean against a backdrop of the Renaissance Palace of the Lords of Hradec. It was in this house that National Artist Jan Zrzavý (†1977) lived and worked.

44/ Towering above the access road to Prague Castle, hewn out of a cliff in 1644, is one of the loveliest Prague Renaissance palaces – the house of the Schwarzenbergs, originally of the Lobkovics. The palace was built for Jan the Younger of the Lobkovic family in 1545–1563 by Augustin Vlach, and is noted for its rich sgrafitti-decorated façade, restored in 1945–1955. It now houses the Military History Institute and Museum.

45/ The poetic garden atmosphere of the house in Vlašská Street under Petřín, offering a delightful view of the Lesser Town houses and Prague Castle, inspired the charming works of National Artist Cyril Bouda.

46/ House sign At the Three Little Fiddles (number 210/III) in Nerudova Street dates circa 1700. Several generations of the Edlinger family of violin-makers lived in this house from 1670 to 1748.

47/ The very familiar sights of a Lesser Town street, formerly Ostruhová, now Nerudova. Neruda, author of the Lesser Town Tales, lived as a young boy in the nearby house At the Two Suns, number 233/III (see caption 56).

48/ From the terrace of Kolowrat Palace in the Lesser Town, built on the slope under the Castle circa 1785 by architect Ignác Jan Palliardi, there is a lovely view onto the roofs of Lesser Town palaces, the Church of St Nicholas and the wooded Petřín Height with its sixty-metre-high view tower at right, in the background.

49/ The New Castle Steps were built in 1674 to shorten the distance between the Castle and the Lesser Town. The terrace wall of Paradise Garden at left is dotted with empty niches in which sculptural figures were to have been placed in 1722.

50/ Wallenstein Palace Garden (1624–1630) together with the sala terrena was laid out according to a design by Nicolo Sebregondi and Giovanni Pieroni. The bronze statues are casts based on originals depicting the gods of antiquity by Adriaen de Vries. The originals were carried off in 1648 as war booty by the Swedes.

51/ View from the terrace of the most beautiful Lesser Town palace garden – Kolowrat, with preserved architecture of the steps, terraces and summer houses by Ignác Jan Palliardi from circa 1785. In the background is the large complex of the Wallenstein Palace.

52/ Fresco in the dome of the Lesser Town Church of St Nicholas covering an area of 75 sq m, the work of František Xaver Balko (Palko) circa 1760. The sculptural decoration is by Ignác František Platzer.

53/ From the Lesser Town Bridge Tower there is a good view of busy Mostecká (Bridge) Street and the dominant building of the Lesser Town itself, the Church of St. Nicholas. Its construction was carried out by Kryštof Dienzenhofer between 1704 and 1711, and then from 1737 to 1751 by his son Kilián Ignác. The slim belfry tower was rebuilt by Anselmo Lurago in 1756.

54/ Valdštejnská Street threads among the Lesser Town palaces of the aristocracy at the foot of Prague Castle. At right is Kolowrat Palace, originally Černín Palace, built in 1784 by architect Ignác Jan Palliardi, the creator of famous terraced gardens.

55/ Garden of Vrtba Palace in Karmelitská Street, laid out according to a design by František Maxmilián Kaňka circa 1720. The garden contains statues of mythological gods and decorative vases from the workshop of Matyáš Braun.

56/ Monument to Jan Neruda in Petřín Garden, the work of Jan Simota from 1970. It stands not far from where, until 1932, were the Újezd barracks in which this classic of Czech literature was born on July 9, 1834.

57/ Winter beauty of a romantic nook near the banks of the Čertovka is dominated by the Lesser Town Renaissance Grand Priory Mill (1598).

58/ The Venice of Prague is the name of a part of the Lesser Town and Kampa Island extending over an arm of the Vltava, Čertovka. The houses are from the 17th and 18th centuries.

59/ The gardens of Kampa, surrounded on one side by the Vltava and on the other by an arm of the river, Čertovka, are a favourite place for walks by Prague residents. On this island, which resulted from the man-made amalgamation of several very tiny islands, there were at first only gardens. Buildings were constructed on it starting from the second half of the 16th century and by the next century the traditional potters' fairs began to be held here.

60/ The newly created atrium at the Wallenstein Riding Hall forms the entrance to the Malostranská Metro station. The atmosphere of the Lesser Town is recalled by copies of baroque statues standing in a modern-designed garden in front of the Hall. The station vestibule is dominated by the allegorical statue Hope, a replica based on an original by Matyáš Braun in the East Bohemian Kuks Château. The artistic grilles make use of a motif of Lesser Town house signs.

61/ The bustle of a big city sometimes penetrates even into the Lesser Town's quiet Míšenská Street, close to Charles Bridge. It gives us access to Kampa Island with its beautiful park and views of the Old Town Vltava bank, or to Klárov at the Malostranská Metro station.

62/ Charles Bridge seen from a bird's-eye view from the Lesser Town Bridge Tower. At left, below, is the roof of the Renaissance house. At the Three Ostriches (1597), in which the first Prague café was opened in 1714. The renovated house with restored remains of a painted façade and beamed ceilings, dating from the second half of the 17th century, has been transformed into a luxury hotel.

63/ The mid-13th century relief, housed today on the second floor of the Renaissance customs-house, number 56/III, was part of the original eastern façade decoration of the Lesser Town Tower of Judith Bridge, the first stone bridge to span the Vltava, built after 1165. It was used until 1342 when it was destroyed by a flood. The relief showing a lord and his feofee is probably linked to an event in 1254 when King Wenceslas I subdued his son and heir to the throne Přemysl Otakar II, after the latter's unsuccessful rising.

64/ The popular Turk with a dog, a detail from the statuary depicting St John de Matha, Felix of Valois and Ivan, has been standing guard at the jail with suffering Christians since 1714. It was then that this famous group, the work of Ferdinand Maxmilián Brokof, was commissioned by Count František Josef Thun and placed on Charles (known then as Stone) Bridge.

65/ View of the Lesser Town Bridge Towers of which the lower, whose core is 12th century Romanesque, was rebuilt in 1591. The higher, probably standing on the site of an older Romanesque tower, was erected in 1464 during the rule of King George of Poděbrady. At right is the Renaissance house At the Three Ostriches, from 1597.

66/ Charles IV laid the foundation on July 9, 1357, for the new Stone (today Charles) Bridge across the river. It was built of limestones according to a design by Peter Parler; it is 516 m long, 10 m wide and rests on 16 columns. The bridge was finished at the start of the 15th century, replacing the original Romanesque Judith Bridge which had stood here for almost two centuries and was destroyed by a flood in 1342.

67/ The decorative corbel depicting a duel between the lion and the chimera is a detail of the sculptural decoration of the eastern gateway arch between the Lesser Town Bridge Towers. The gateway dates from the time of Wenceslas IV, i. e. before 1411.

68/ Complex of buildings of the one-time Old Town Mills and Water Tower from 1489, remodelled at the end of the 19th century. A view of this group of buildings at the Old Town side of Charles Bridge is dominated by the Old Town Water Tower of 1489. In the foreground we can see part of the premises of the former Old Town Waterworks, presently the Bedřich Smetana Museum.

69/ A view from Kampa Island to the group of buildings forming – except for the southern side covered by the Bridge Tower – the Square of the Knights of the Cross, one of the most beautiful in Prague. The simple early baroque façade across the river includes the one-time monastery of the Knights of the Cross and the Red Star, built by architect Carlo Lurago in 1661. Next to it is the Church of St Francis, a magnificent edifice with an imposing dome by architect Jean Baptiste Mathey from 1680–1689; together with the Old Town Bridge Tower of Charles Bridge (1380 to 1400) they dominate the photo. Between them, in the centre, is the Church of St Saviour whose façade, dating from 1600–1601, and porch (1651–1653) now form the front of the square.

70/ Torch-bearer Karel Opatrný has been looking at the Vltava since 1908. That was when the lavish Art Nouveau decoration of Svatopluk Čech Bridge was completed according to a design by Prof. Jan Koula.

71/ Renaissance arcades of the house At the Two Golden Bears where writer and journalist E. E. Kisch was born. Since reconstruction this building with its famous and beautiful Renaissance portal houses the general management of the Municipal Museum in Prague.

72/ Fountain and Renaissance wrought-iron well-head on Little Square is an excellent example of artistic crafts from 1560.

73/ View of the Old Town Hall Tower seen from Melantrichova Street named after the famous Renaissance printer, editor and publisher, Jiří Melantrich of Aventinum (1511–1580).

74/ Large Renaissance window from 1520 with the inscription Praga caput regni – Prague the Head of the Kingdom, in the middle of the group of Gothic houses remodelled to form the Old Town Hall.

75/ Old Town Hall buildings and the Old Town Hall Tower. Left, at the corner of the Old Town and Little Squares, stands the Renaissance house At the Minute from 1610. The sgrafitti decoration of the façade depicts biblical and mythological scenes. The classicist statue of the lion at the corner is from the end of the 18th century where there once stood a pharmacy called At the White Lion.

76/ The Horologe on the Old Town Hall Tower was constructed in 1402 by clockmaker Mikuláš of Kadaň; it was reconstructed in 1490 by Master Hanuš named the Rose. The calendarium with scenes from the life of country people is a copy of the original by Josef Mánes from 1864.

77/ View of the Old Town Hall Tower taken from the southern side of the Old Town Square and Melantrichova Street. The façades of the baroque – though in their core Gothic – houses are mostly from the 17th and 18th centuries.

78/ The triple-nave Church of Our Lady of Týn, founded in 1365, had a Late Gothic gable added in 1463 between two 80 m towers dating from the second half of the 15th and beginning of the 16th centuries. The houses in front of the Týn Church have a beautiful Gothic arcade from the mid-13th and 14th centuries, and hidden underground are the remains of older Romanesque buildings.

79/ The oriel window of the former Carolinum Chapel is an exemplary model of Prague Gothic architecture circa 1370. It comes from what was originally the Rotlev House which after 1383 became the basis for the group of buildings comprising the Carolinum.

80/ Monument of Master Jan Hus, the work of Ladislav Šaloun, was unveiled in 1915 in the middle of the Old Town Square to mark the quincentenary of Hus's death at the stake in Constance.

81/ Inter-Continental Hotel constructed in 1967–1974 in Pařížská Street offers the most modern accommodations in the centre of the Old Town (architects Karel Bubeníček, Karel Filsak, Jaroslav Švec).

82/ The Old-New Synagogue built circa 1270 is the oldest preserved building of its kind in Europe and, at the same time, an exceptional example of Early Gothic style in Prague. Its richly articulated interior has five-ribbed vaulting, a unique phenomenon in our country. At the beginning of the 14th century the entrance was rebuilt and the brick gables added. The side aisle (for women) is from the 18th century.

83/ Šaloun's statue of the Rabbi Jehuda Löw ben Bezalel – said to have been the creator of the legendary Golem – decorates the late Art Nouveau corner building of the New Town Hall erected in 1908–12 according to plans by architect Osvald Polívka.

84/ There are almost 20 thousand tombstones in the old Jewish cemetery started in mid-15th century, the oldest dating from 1439. After 1787 the dead were no longer buried here.

85/ The towers of the Church of St James and Týn Church surrounded by a web of scaffolding are evidence of the persevering attention paid to architectonic landmarks. The Church of St James, originally Gothic – the longest in Prague after St Vitus's Cathedral – was restyled in baroque by Jan Šimon Pánek after a fire which gutted it in 1689. Thanks to its excellent acoustics it is a much sought-after concert hall.

86/ The Gothic ambit of the National Cultural Monument – the Convent of St Agnes – tne oldest preserved Early Gothic compound in Bohemia, was built by King Wenceslas I and Přemysl Otakar II from 1234 to 1282. After thorough investigation and reconstruction of this extensive compound, the permanent collection of Czech 19th century paintings and artistic crafts of the National Gallery and the Decorative Arts Museum in Prague were housed here.

87/ The Gothic arcade in Havelská Street in the Old Town was once part of a medieval market place. The imposing Gothic Renaissance houses with early baroque façades have retained their original rib vaulting.

88/ In view of its architecture, technical facilities and number of employees, Kotva – a Prior department store – ranks among the largest in Europe. It was built from 1970 to 1975 according to a design by architects Věra and Vladimír Machonin.

89/ The Paris Interhotel corner building, opposite the Municipal House, is an interesting neo-Gothic, Art Deco construction by architects Antonín Pfeiffer and Jan Vejrych, from 1904. The ceramic mosaic on the façade was the work of Jan Köhler.

90/ Municipal House of the Capital Prague was constructed in 1906–1911 from plans by Osvald Polívka and Antonín Balšánek on the site of the one-time Royal Court, built circa 1380 by Wenceslas IV. The façade (on photo) is decorated with a mosaic Homage to Prague, by Karel Špilar. At the corner stands a statue by Čeněk Vosmík of the builder of the flanking Powder Tower, Matěj Rejsek. The Powder Tower was constructed during the reign of Vladislav Jagiello after 1475 in Late Gothic style and severely damaged during the Prussian siege of Prague. It was restored in neo-Gothic by Josef Mocker in 1875–1886. At the end of the 17th century it served as a magazine for gunpowder, whence its name.

91/ Tyl Theatre, a classicist building from 1781–1783, was constructed according to plans by architect Antonín Haffenecker and paid for by Count Franz A. Nostic. In 1787 the world première of Mozart's opera Don Giovanni was given here and in 1834 the first showing of J. K. Tyl's play Fidlovačka, containing the song Where is My Home? which later became part of the national anthem. The building is a National Cultural Monument.

92/ Together with completion of Prague's Metro line IB, new areas have been reserved exclusively for pedestrians. The latest is the former busy Na Můstku crossing. The Koruna building with its tower corner shaped like a crown was designed in 1911 by Antonín Pfeiffer. The sculptural decoration is the work of Vojtěch Sucharda.

93/ Water flowed through wooden troughs to the New Town fountain from the New Town Water Tower, founded in 1495 and rebuilt for the last time after the Swedish bombardment in 1648. The tower was also known as Šitka Water Tower, named after Jan Šitka (†1451), owner of the adjacent mills torn down in 1930 and replaced by a constructivist building designed by Otakar Novotný called "Mánes". This is now, among others, the headquarters of the Union of Czechoslovak Creative Artists.

94/ The Vltava Embankment near May First Bridge is dominated by the most beautiful building of 19th century Czech architecture, the National Theatre. This "reborn cathedral" was built from plans by architect Josef Zítek and completed by Josef Schulz in 1868–1881. It was funded by public donations sent in from the whole nation.

95/ The former monastery church Na Slovanech, also known as Emmaus, was built on the initiative of Charles IV in 1347 for Benedictine monks who promoted Slavonic liturgy. It was an outstanding centre of education and culture in its day. The valuable Gothic paintings in the cloister garth date from circa 1360. Shortly before the end of the Second World War the monastery and church were severely damaged by an air raid and restored at great expense. The modern façade and towers are the work of architect František M. Černý from 1967.

96/ These three very old, roughly hewn, cylindrical shapes, perhaps originally a column whose purpose we no longer know today, are an interesting landmark enmeshed in a web of legends standing in Vyšehrad's Karlach Park.

97/ Vyšehrad, a National Cultural Monument, at one time the second Prague castle, a princely seat in the 10th century and a royal seat in the 12th century, was situated at a strategically important place overlooking the Vltava on the edge of the Prague basin. Its significance was understood by Charles IV who built a Gothic fortress here with a powerful tower-like main gateway. In 1420 the castle was destroyed by Hussite troops and the area was transformed gradually into a little town. The thick, brick fortifications testify to the time when Vyšehrad became a baroque citadel, in 1654.

98/ Vyšehrad Cemetery, the resting place of outstanding personalities of Czech science and culture, is dominated by the common tomb Slavín, with sculptural figures by Josef Maudr from 1892. The architectonic remodelling of the cemetery and the design for Slavín was the work of Ant. Wiehl in 1889–1893.

99/ The New Town Tower Hall lies on the northern side of Prague's biggest square, laid out together with the foundation of the New Town (Nové Město) of Prague in 1348 by Charles IV; the square was re-designed in 1843–1863. The tower was built in 1452–1456. The historic defenestration of the New Town councillors in 1419, marking the beginning of the Hussite wars, is recalled by the statue of preacher Jan Želivský. The building has been declared a National Cultural Monument.

100/ Headquarters of the Central Trades Union Council ROH, once the most modern high-rise building in Prague, was constructed from 1930 to 1932 according to a design by architects Josef Havlíček and Karel Honzík. The statue by J. Simota of the first ROH Chairman and later President of the country, Antonín Zápotocký, has been standing in front of the building since 1978.

101/ Dome above the façade of the Municipal House of Prague (see caption 90). The rooms of this Art Nouveau building, the largest of which is Smetana Hall, are decorated with sculptures and paintings by leading artists of the early 20th century.

102/ The Vladimir Ilyich Lenin Museum in Hybernská Street, a National Cultural Monument, was originally an early baroque palace built circa 1660. It was bought in 1907 by the Workers' Co-operative and entered the annals of history under the name People's House. In 1912 the Sixth Conference of the Social Democratic Party of Russia was held here, chaired by V. I. Lenin.

103/ View from the ramp of the National Museum on Wenceslas Square, the commercial, communication and social centre of Prague. The allegorical statues on the ramp, dominated by that of Čechie, are the work of Antonín Wagner.

104/ The house known as Adam's Pharmacy, built from a design by architect Matěj Blecha, is an example of elegant architecture from the years prior to the First World War. The adjacent constructivist House of Footwear was erected in 1928–1929 according to a design by Ludvík Kysela.

105/ Wenceslas Square is dominated by the monumental building of the

National Museum, erected between 1885 and 1890 according to a plan of architect Josef Šulc in Czech neo-Renaissance style on the site of what was until 1885 the so-called Horse Gateway of the New Town fortifications. The new lay-out of Prague's largest boulevard, 682 m long and 60 m wide, was carried out from 1982 to 1986, since completion of the Prague Metro made it possible to remove all mass transportation from the square.

106/ Central Entrance Hall of the National Museum is decorated with bronze statues by Antonín Popp and Bohuslav Schnirch. On the walls of the passages are sixteen paintings of Bohemian castles by Julius Mařák.

107/ The seat of the Federal Assembly of the ČSSR was built from 1967 to 1972 according to a design by architect Karel Prager and associates, who incorporated into the structure the ormer stock exchange, built by architect Jaroslav Rössler in 1936–1938. Vítězného února Avenue now forms part of the new urbanistic reconstruction of Prague's inner transportation system.

108/ In the immediate proximity of the National Museum a new architectonic dominant has arisen. The architecture for the building of the Federal Ministry of Fuels and Energy on Vinohradská Ave., utilizing the heavy steel crown and a special glass veneer as contrast, is the work of Vladimír Aulický, Jiří Eisenreich, Ivo Loos and Jindřich Malátek.

109/ Busy Leninova station, the end of line A of the Prague Metro, is 257 m long and 19 m wide. It was built chiefly under that part of Lenin Avenue leading into October Revolution Square, in the Dejvice district of Prague.

110/ The decoration by Josef Malejovský on the bronze doors of the National Memorial on Žižkov depicts Hussite commander Jan Žižka of Trocnov fighting against the Crusaders in 1420.

111/ The National Memorial at the top of Žižkov (a National Cultural Monument) is an imposing structure designed by architect Jan Zázvorka from 1929–1932. It is the burial grounds of outstanding working class leaders as well as the resting place of the Unknown Czechoslovak and Soviet Soldiers. The equestrian statue of Jan Žižka of Trocnov, the work of Bohumil Kafka, was erected to honour the victory of the Hussites over the Crusaders in a battle which took place at this spot in 1420.

112/ View from Letná Plain across the Vltava through a park laid out in 1953–1956 (by architect Vlastimil Durdík and associates). In front is the early baroque chapel of St Mary Magdalene from 1635, in the background the Mánes Bridge linking Klárov with the Old Town bank and behind it the arches of the Gothic Charles Bridge. At right is Petřín Height.

113/ Memorial grounds at the former military firing range in Kobylisy, used by the Nazis during the war as the venue of mass executions, especially after the assassination of R. Heydrich. The statue of the mourning woman is the work of M. Zet. The area, a National Cultural Monument, was landscaped in 1975.

114/ Monument at Soviet Tankists' Square in Prague 5-Smíchov. This legendary tank number 23, standing on a stone pedestal, commemorates the liberation of Prague by the Soviet Army on May 9, 1945.

115/ Garden City housing estate was built between 1966 and 1970 according to a design by architects Gorazd Čelechovský and Jiří Hromas.

116/ Ruzyně airport terminal of Czechoslovak Airlines is the work of a group of architects from the Military Design Institute in Prague. The new airport was built in 1959–1968 and has links with fifty cities of the world. It can handle annually the arrival of 57,000 flights and two million passengers.

117/ This modern architectonic-urbanistic design by architects Vladimír Fencl, Stanislav Franc and Jan Nováček for the Koospol foreign trade enterprise building in Vokovice was carried out in 1975–1976.

118/ In 1555 and 1556 Italian builders Giovanni Maria Aostalli and Giovanni Luchese contributed to the construction of the Star Summer Palace after a design by Ferdinand of the Tyrol. The interior of the ground-level floor has rich ceiling stucco-work depicting mythological and historical themes. The building of this National Cultural Monument was restored in 1945 to 1951 by architect Pavel Janák. In the immediate vicinity of the palace is the scene of the tragic Battle of the White Mountain, on November 8, 1620, when the army of the Czech Estates was defeated by the troops of the Catholic League and Ferdinand II.

119/ Šárka stream intersects the Džbán water basin. On the banks of the basin a popular Prague lido was built to a design by Zdeněk Drobný. The stream then cuts through the rugged valley of a protected landcape area known as Divoká Šárka, or Wild Šárka.

120/ The main transport artery to Ruzyně airport leads through the centre of the Red Heights housing estate in Dejvice, construction on which began in 1958. The designers were architect Milan Jarolím and his associates.

121/ In the Kovo foreign trade enterprise building in 1977, built to a design by architects Zdeněk Edel, Luděk Štefek, Josef Matyáš and Pavel Štech, the effect of mirroring the surface of the glass façade was used to advantage.

122/ Stromovka, the Royal Game Preserve, was founded in the first half of the 14th century by John of Luxembourg and gained prominence during the Renaissance when a pond was built here fed by Vltava water drawn through the so-called Rudolph gallery. In 1804, on the initiative of Count Karel Rudolf Chotek, the preserve was opened to the public and to this day is one of the most sought-after recreation spots of Prague residents.

123/ The Congress Palace, originally called the Industrial Palace, was designed by architect Bedřich Münzberger as the main building for the Lands Jubilee Exhibition, held in 1891 in Prague. Its iron material construction weighing 800 tons was completed in five months. The palace was last reconstructed in 1952–1956 by architect Pavel Smetana and is noted for the fact that a number of very important political meetings were held here.

124/ The main hall of the early baroque Troja Summer Palace was richly decorated from 1690–1697 with allegorical ceiling and wall paintings by Antwerp artist Abraham Godin. This most beautiful Prague villegiatura, built by architect Jean Baptiste Mathey in 1679–1685, has a monumental outdoor staircase with statuary representing the victory of the gods over the titans, the work of Jiří and Pavel Heermann. In the large garden, motifs of French garden landscaping were used for the first time in our country.

125/ On the edge of the Letenské Gardens, the restaurant pavilion Praha Expo was erected in 1960 from a design by František Cubr, Josef Hrubý and Zdeněk Pokorný. The fortunate selection of the site for the restaurant, which originally had been part of the Czechoslovak pavilion at the

EXPO world fair in Brussels in 1958, offers a wonderful view of the Prague basin and the River Vltava.

126/ Dominating the monumental complex of the Telecommunication Centre at Žižkov is its tower which can be seen from afar and whose silhouette complements the Prague panorama with a new, untraditional composition. The authors of the design are František Cubr, Josef Hrubý, Zdeněk Pokorný, František Štráchal and Vladimír Oulík. This international telecommunication centre began to function in 1980.

127/ The Centrotex building in the Pankrác district of Prague arose at the Pražského povstání station of the Metro's C Line. It is based on a design by architect Václav Hilský and was constructed in 1974–1978.

128/ Fountain of Distance, the work of J. Novák in 1970, is proof that modern statuary can bring out the architectonic value of present-day dwelling units.

129/ The Swimming Stadium in Podolí was built between 1959 and 1965 to a design by architects Richard Podzemný and Gustav Kuchař on the site of an earlier cement works and quarry whose cliffs protect this favourite place of rest for many residents of Prague.

130/ The Klement Gottwald Bridge, built in 1967–1973 to a design by architects Vojtěch Michálek and Stanislav Hubička, together with the Palace of Culture have become the symbol of Prague construction in the 1970s. The Palace of Culture, the work of Jaroslav Mayer, Vladimír Ustohal, Antonín Vaněk and Josef Karlík in 1981, has no parallel in the ČSSR as regards its multipurpose facilities and size (more than 5,000 places).

131/ The new building of the Urological Clinic of Charles University at Karlov was erected to a design by architects Vratislav Růžička and Boris Rákosník after 1976.

132/ The Chinese Pavilion near Cibulka settlement in Košíře at one time had a roof decorated with bells that tinkled in the breeze. There is a natural park in this community, founded after 1817, containing a number of other romantic architectural and sculptural curiosities now awaiting reconstruction.

133/ View of the collection of modern sculpture of the National Gallery, housed at Zbraslav Château – originally a monastery prelature. The large room on the photo has a ceiling painting by Václav Vavřinec Reiner (1728) and František Xaver Balko (1743). The monastery was founded in the 13th century and destroyed during the Hussite wars. It was rebuilt first according to the plans of Jan Santini-Aichl (1709), but completed later by architect František Maxmilián Kaňka after 1724.

134/ Evžen Rošický Stadium is part of the compound of three sports fields built from 1932 at Strahov. It was enlarged and completely rebuilt in 1978 when the European track and field championships were held here.

135/ From the Pankrác side of the Klement Gottwald Bridge the dominant structures of new socialist Prague come into view. Behind the double-tower Church of Saints Peter and Paul at Vyšehrad is the huge Palace of Culture (see No. 130); not far away is the massive Centrotex building, the 100 m tower of the Motokov building, and the silhouette of the luxurious Panorama Hotel. All these buildings are on the C line of the Prague Metro, which ends at Kosmonautů station in Southern Town (in the background at left).

136/ Panorama of Prague seen from Žižkov – with the silhouette of Prague Castle, the symbol of Czechoslovak statehood; the white contours on the horizon in the background are the housing estates of new, socialist Prague.

137/ A Lesser Town motive from the blossoming gardens under Petřín. The decorative vase was originally part of the décor of the royal pavilion at the Jubilee Exhibition in 1891 in Prague.

Cover photos

Prague Castle, symbol of Czechoslovak statehood.

Detail of the stuccowork from the Lesser Town Vrtba Garden terrace.

COMMENTAIRE

Introduction

1/ La tour à l'entrée du pont Charles du côté de la Vieille Ville (vers 1380–1400) et la tour de l'ancien château d'eau de la Vieille Ville (1489), vues depuis l'île de Kampa.

2/ Le Château de Prague vu sous un angle insolite, par-dessus les cheminées des toits de Malá Strana qui dissimulent les restes d'une porte-tour gothique de l'ancienne résidence de l'évêque, disparue au cours des guerres hussites.

3/ Une console de la façade est de la porte d'accès au pont Charles du côté de Malá Strana.

4/ Prague vue des versants fleuris de la colline de Petřín. En bas, dôme de l'église Sainte-Madeleine de Malá Strana, aujourd'hui sécularisée, au fond, à droite, Monument de la libération nationale sur le mont de Žižkov.

5/ Une vue inoubliable du Château de Prague dominant les arches du pont Charles s'offre à nous de la passerelle Novotný, près du quai Smetana.

6/ Cette villa Empire des années 1827–1831 entourée d'un jardin paysager au pied de la colline de Petřín est occupée par la section ethnographique du Musée National de Prague.

7/ Cette vue enchanteresse des toits blancs de Malá Strana récompense une promenade glaciale sur le pont Charles.

8/ Le soleil d'été anime des ruelles modestes et paisibles de Kampa de jeux subtils d'ombre et de lumière.

9/ La plus basse des deux tours à l'entrée du pont Charles du côté de Malá Strana est encore romane. Elle fut construite au XIIe siècle pour défendre les abords du premier pont de pierre sur la Vltava.

Illustrations

10/ Le Château de Prague et la vallée de la Vltava vus de la colline de Petřín. Au premier plan à gauche, le pignon Renaissance du palais Schwarzenberg.

11/ Une vue inattendue s'ouvre du haut de la tour de façade sud de la cathédrale : en face le grand clocher avec sa galerie et son toit en bulbe (cf. légende 17), en bas côté sud de la troisième cour du Château. Au fond le dôme de Saint-Nicolas émerge d'une mer de toits coupée en deux par le cours de la Vltava.

12/ La porte Mathias due au projet de Giovanni Maria Filippi, qui donne accès à la première cour du Château, se dressait à l'origine au bord d'un fossé. Le fossé fut comblé en 1762 par l'architecte Nicolas Pacassi qui conçut à sa place une cour d'honneur encadrée de façades homogènes. Les piliers de la porte sont surmontés de copies de deux groupes de *Géants*, œuvre d'Ignace-François Platzer de 1768.

13/ La salle dite Galerie Rodolphe fut aménagée en 1589–1606 selon le projet d'Antonio Valenti et Giovanni Gargioli. Appelée à l'origine également la salle du Trésor, elle abrita les collections d'art de Rodolphe II. En 1865–1868, elle devait être transformée en salle des fêtes par Ferdinand Kirschner.

14/ L'escalier équestre du Vieux palais royal du Château est couvert d'une admirable voûte dans le style du gothique tardif, œuvre de Benedikt Ried de 1500. Cet escalier permettait aux cavaliers de passer directement depuis l'antique place Saint-Georges dans la salle Vladislas.

15/ La salle Vladislas, à son époque le plus vaste espace d'architecture profane (62 m de long, 16 m de large, 13 m de haut) couvert d'une voûte, fut bâtie en 1486–1502 par Benedikt Ried pour le roi Vladislas Jagellon sur un emplacement jusqu'alors occupé par le palais royal gothique de Charles IV. La voûte à nervures est une des œuvres les plus hardies du gothique tardif, tandis que les trois fenêtres percées dans le mur nord appartiennent déjà à la Renaissance.

16/ La statue de *Saint Georges terrassant le dragon* due au ciseau de Georges et Martin de Cluj, remonte aux environs de 1373 mais fut retouchée au XVIe siècle. Cette œuvre orna successivement la place Saint-Georges, les abords du Vieux palais royal et la fontaine baroque devant la Vieille maison du doyen du chapitre de Saint-Guy. En 1928, la statue fut dressée dans la troisième cour du Château, alors nouvellement aménagée selon le projet de Josip Plečnik. L'original, remplacé sur son socle par une copie, fait aujourd'hui partie des collections de la Galerie Nationale installées dans l'ancien monastère de Saint-Georges.

17/ La construction de la cathédrale Saint-Guy, commencée au milieu du XIVe siècle se prolongea jusqu'au début du siècle XXe. La puissante tour sud fut bâtie selon le projet de Peter Parler en 1396–1406. Les tours néo-gothiques de la façade occidentale sont l'œuvre de la dernière campagne des travaux de 1873–1929. La Vieille maison du doyen du chapitre de Saint-Guy, au premier plan, à l'origine résidence romane de l'évêque, prit son aspect actuel au XVIIe siècle. En 1928, lors de l'aménagement de la troisième cour du Château, l'architecte Josip Plečnik érigea devant cet edifice la colonne monolithe en granit de Mrákotín.

18/ L'oratoire royal du gothique tardif dans la cathédrale de Prague, œuvre de Benedikt Ried et de Hans Spiess de 1493, présente un décor de branchages où apparaissent les armoiries des pays soumis au sceptre de Vladislas Jagellon, bâtisseur de la salle Vladislas.

19/ La statue de saint Venceslas surmontant l'autel de la chapelle dédiée à ce premier martyr de Bohême dans la cathédrale de Prague, est issue de l'atelier de Peter Parler. La polychromie originale de la statue en tuffeau, sculptée sans doute par Henri Parler, neveu de Peter, fut l'œuvre du Maître Oswald, peintre de Charles IV.

20/ Les ornements du sacre des rois de Bohême. C'est Charles IV qui, en 1346, fit exécuter la couronne dite de saint Venceslas sur le modèle de la couronne des Přemyslides. Le bandeau est surmonté de quatre fleurs de lys et de deux arceaux qui viennent se rejoindre à une croix incrustée d'un camée en saphir. La couronne comporte en outre vingt perles et quatre-vingt-onze solitaires, saphirs, émeraudes, rubis et spinelles d'une valeur inapréciable. Le sceptre et le globe Renaissance, remontant à la deuxième moitié du XVIe siècle, sont ornés de saphirs, de spinelles, de perles et d'émaux.

21/ Buste de la princesse Anne de Świdnica, l'un des vingt et un portraits sculptés représentant les membres de la famille régnante, les archevêques de Prague, les architectes et les chanoines responsables de l'œuvre de la cathédrale, qui ornent le triforium au-dessus du chœur gothique. Ils furent exécutés en 1374–1385 par les maîtres de l'atelier de Parler.

22/ Le chœur gothique de Saint-Guy, bâti à partir de 1344 par Mathieu d'Arras et terminé en 1385 par Peter Parler. La construction de la cathédrale fut achevée dans le style néo-gothique à la fin du XIXe et au début du XXe siècle par Josef Mocker et Kamil Hilbert. C'est un vaisseau à trois nefs, avec transept, déambulatoire et chapelles rayonnantes, long de 124 m, large de 60 m et haut de 33 m. La voûte est soutenue par 28 piliers.

23/ La porte d'Or, à l'extrémité du croisillon sud du transept de la cathédrale de Prague, est une œuvre de Peter Parler des années 1366–1367. La mosaïque de sa façade, figurant le *Jugement dernier* fut composée en verre de Bohême par des maîtres vénitiens en 1370–1371. De part et d'autre de l'arcade centrale sont représentés à genoux Charles IV et Elisabeth de Poméranie.

24/ La clé pendante de la Vieille sacristie (chapelle Saint-Michel) de la cathédrale de Prague est un des exemples typiques de l'interprétation originale des principes de l'architecture gothique par Peter Parler : cet élement est en effet conçu pour contredire l'élan vertical de l'époque auquel participent les nervures de la voûte.

25/ Intérieur de la basique Saint-Georges, fondée en 920, reconstruite après 1142 et restaurée successivement en 1888–1917 et en 1958–1962. Au centre de la nef, devant l'escalier de 1731, on voit la pierre tombale du prince Boleslav II (†999), fondateur du monastère voisin. A droite, le sarcophage peint en bois de la fin du XVe siècle surmonte le tombeau du fondateur de l'église, le prince Vratislav (†921).

26/ Des fenêtres romanes de la blanche tour de la basilique, le regard plonge dans la ruelle Saint-Georges qui se termine par la tour Noire, limite est du Château. Plus loin, il suit le cour de la Vltava qui partage la ville avant de faire le coude vers le nord.

27/ Le monastère de Saint-Georges, premier établissement de religieuses en Bohême, fut fondé sous la règle bénédictine par la sœur du prince Boleslav II, Mlada, en 973. Au cours d'une reconstruction coûteuse en 1962–1974, ce vaste ensemble fut aménagé par les architectes František Cubr et Josef Pilař pour abriter les collections de la Galerie Nationale, parmi lesquelles une place particulière revient aux œuvres du baroque de Bohême.

28/ La ruelle d'Or, à l'origine appelée ruelle des Orfèvres, est un des coins du Château les plus fréquentés par les visiteurs. Les maisonnettes qui vinrent s'adosser à la muraille du gothique tardif dès la fin du XVIe siècle, servirent de logis aux tireurs royaux, aux domestiques du Château et enfin aux pauvres. Mais on y trouvait également les habitations des orfèvres qui donnèrent son premier nom à la rue.

29/ Le palais du Belvédère fut élevé, à partir de 1534, par Ferdinand Ier de Habsbourg pour servir de cadre, avec le jardin qui l'entoure, aux fêtes de la Cour. Le projet de cette architecture du style Renaissance le plus pur au nord des Alpes est dû à Paolo della Stella. L'intérieur du palais, reconstruit au milieu du XIXe siècle, est aujourd'hui aménagé en salles d'exposition. La fontaine de bronze fut fondue, en 1564–1568, par Tomáš Jaroš de Brno selon une maquette de Francesco Terzio. Les sons mélodieux des gouttes d'eau pleuvant sur le bassin la firent appeler fontaine Chantante.

30/ Depuis le jardin du palais du Belvédère, une vue s'offre sur le toit en bulbe du grand clocher et la façade nord de la cathédrale.

31/ Un coin pittoresque de Nový Svět, ou Monde Nouveau, jadis faubourg de Hradčany, englobé dans les murs de cette ville après 1360. Les maisonnettes, dont la plupart appartient au baroque, abritaient les pauvres et les domestiques.

32/ Cette statuette de Jean Népomucène qui est venue récemment s'égayer jasque dans la rue Černínská à Nový Svět, est l'une des multiples représentations populaires de ce saint en Bohême.

33/ Le palais Czernin fut bâti en 1669–1697 par Francesco Caratti pour l'illustre diplomate Jean-Humprecht Czernin de Chudenice. Devenu caserne en 1851, il devait être reconstruit de 1928 à 1932, avec une sensibilité et un goût extraordinaires, par l'architecte Pavel Janák pour abriter les services du ministère des affaires étrangères.

34/ La place de Lorette à Hradčany fut aménagée en 1703–1726. La façade de Notre-Dame-de-Lorette – église de pèlerinage à l'origine – est une œuvre de Kilian-Ignace Dienzenhofer de 1720–1722. Les statues furent commandées à Jean-Frédéric Khol. La tour baroque de l'église renferme le célèbre carillon fabriqué en 1694 par l'horloger pragois Pierre Neumann. Le Trésor de Notre-Dame-de-Lorette comporte les vases sacrés, les joyaux et les bijoux du XVIIe et du XVIIIe siècle.

35/ Échappée entre les murs d'une venelle abrupte reliant la rue Loretánská à la rue Úvoz, dans le passé appelée Chemin creux.

36/ La tour métallique de 60 m de haut sur le sommet de la colline de Petřín est un souvenir de l'Exposition anniversaire de Prague de 1891 qui eut lieu dans le parc de Stromovka.

37/ Intérieur du palais Sternberg, place de Hradčany, occupé par la collection d'art européen de la Galerie Nationale. Cet édifice de l'apogée du baroque fut construit en 1698–1707 pour Venceslas-Adalbert de Sternberg par Domenico Martinelli et Giovanni Battista Alliprandi.

38/ Palais archiépiscopal, place de Hradčany. Cet édifice bâti dans le style Renaissance pour les chevaliers de Griespek, fut transformé dans les années 1562–1564, selon un projet d'Ulric Aostali, en résidence des métropolitains de Prague. Sa reconstruction baroque se poursuivit de 1669 à 1674 sous la direction de Jean-Baptiste Mathey, architecte originaire de Bourgogne. La façade rococo de 1763–1764 est due à Jean-Joseph Wirch.

39/ La façade principale et les murs de la cour intérieure du palais Renaissance des comtes Martinic (après 1583) sont ornés de sgraffites reproduisant des scènes bibliques et mythologiques. En 1968–1971, la restauration de l'édifice – fort délabré et devenu entre-temps maison de rapport – permit de découvrir les plafonds peints d'origine et, surtout, les peintures qui avaient décoré l'entrée de la chapelle, réalisées d'après les dessins d'Albert Dürer. Le palais, occupé par les services d'urbanisme de Prague, sert de cadre aux concerts et aux expositions.

40/ Les jardins sur le versant sud de la colline du Château, plantés en 1562, occupèrent l'emplacement d'un ancien fossé, comblé à l'époque. Sous leur aspect actuel, ils furent aménagés en 1928–1931. L'escalier du jardin Na valech est dû à Josip Plečnik. En été, des concerts y sont donnés en plein air.

41/ La vue depuis les jardins du Château sur la vallée de la Vltava est dominée par le dôme baroque de l'église Saint-Nicolas qui se dresse au-dessus des toits en tuiles creuses de Malá Strana. En bas, à droite, se dessinent les pignons Renaissance du palais des seigneurs de Hradec.

42/ La maison n° 189/III à l'enseigne du Lion d'or borde le Nouvel escalier du Château qui suit le tracé de la voie reliant depuis des temps très anciens le Château à Malá Strana.

43/ La vue des jardins du Château vers le Nouvel escalier nous fait découvrir la maisonnette n° 188/III qui semble s'appuyer sur la masse du palais Renaissance des seigneurs de Hradec. C'est là que vivait et travaillait le peintre Jan Zrzavý, artiste national (†1977).

44/ L'un des plus beaux palais Renaissance de Prague, palais Schwarzenberg, à l'origine palais Lobkowicz, se dresse au-dessus du chemin d'accès au Château creusé en 1644 dans le rocher. Les façades de cet édifice construit en 1545–1563 par Augustin Vlach pour Jean de Lobkowicz, sont richement décorées de sgraffites, restaurés en 1945–1955. Le palais abrite l'Institut et le Musée d'histoire militaire.

45/ Le jardin poétique de la maisonnette de Cyril Bouda au pied de Petřín, rue Vlašská, avec une vue superbe sur Malá Strana et le Château, a sans doute inspiré plus d'une peinture de cet artiste national.

46/ L'enseigne de la maison *Aux trois violons*, n° 210/III, remonte aux environs de 1700. Trois générations de luthiers de la famille Edlinger y ont vécu de 1670 à 1748.

47/ Rue Nerudova à Malá Strana. C'est dans ce cadre que le célèbre écrivain Jan Neruda a passé ses jeunes années. Ses parents ont habité la maison n° 233/III à l'enseigne de Deux soleils (cf. légende 56).

48/ Une belle vue sur les toits des palais de Malá Strana, l'église Saint-Nicolas et la verte colline de Petřín avec sa tour métallique de 60 m de haut, s'ouvre depuis la terrasse du palais Kolowrat, bâtie sous le Château à flanc de colline vers 1785 par l'architecte Ignace Palliardi.

49/ Le Nouvel escalier du Château fut construit en 1674 pour raccourcir le trajet du Château à Malá Strana. Les niches vides ménagées dans le mur de clôture du jardin du Paradis, à gauche, devaient être occupées, dès 1722, par des statues.

50/ Le jardin du palais Wallenstein fut aménagé en 1624–1630 par Nicolo Sebregondi et Giovanni Pieroni, auteurs également de la sala terrena, élevée à la même époque. Les statues de bronze représentant les divinités antiques sont des répliques. Les originaux de la main d'Adriaen de Vries furent enlevés en 1648 par les Suédois comme prise de guerre.

51/ Une vue depuis le jardin du palais Kolowrat, le plus beau parmi ceux qui entourent les demeures nobles de Malá Strana. Il a conservé ses escaliers, ses terrasses et ses fabriques des environs de 1785, dus à Ignace Palliardi. Au fond s'étend le vaste ensemble du palais Wallenstein.

52/ La fresque de la coupole de Saint-Nicolas de Malá Strana, couvrant une surface de 75 m², fut réalisée par François-Xavier Palko vers 1760. Les statues sont l'œuvre d'Ignace-François Platzer.

53/ Du haut de la tour du pont Charles sur la rive gauche de la Vltava, on observe le va-et-vient dans la rue Mostecká qui mène à Saint-Nicolas. La construction de cette église dont le dôme domine Malá Strana fut dirigée de 1704 à 1711 par Christophe Dienzenhofer et de 1737 à 1751 par son fils Kilian-Ignace.

54/ La rue Valdštejnská est bordée de palais nobles s'élevant au pied de la colline du Château. A droite, on voit le palais Kolowrat, à l'origine propriété des Czernin, construit en 1784 par Ignace Palliardi qui fut également architecte de son célèbre jardin en terrasses.

55/ Le jardin du palais Vrtba, rue Karmelitská, créé vers 1720 selon le projet de François-Maximilien Kaňka, est orné de statues figurant les divinités et de vases décoratifs issus de l'atelier de Mathias-Bernard Braun.

56/ La statue de Jan Neruda, œuvre de Jan Simota de 1970, s'élève dans un jardin public sur le versant de la colline de Petřín non loin de l'endroit où le célèbre écrivain est né le 9 juillet 1834, dans la caserne d'Újezd, démolie en 1932.

57/ Coin romantique au bord de la Čertovka avec un moulin Renaissance de 1598, dit des Grands Prieurs.

58/ Cet endroit mérita d'être appelé la Venise de Prague. Les maisons bordant la Čertovka, bras étroit de la Vltava, du côté de Malá Strana et du côté de l'île de Kampa, remontent au XVIIe et au XVIIIe siècle.

59/ Le jardin public de Kampa, délimité sur un côté par le cours de la Vltava et sur l'autre par la Čertovka, est un lieu de promenade favori des Pragois. L'île de Kampa fut formé par le rattachement artificiel de plusieurs îlots du fleuve. Le terrain ainsi aménagé se couvrit d'abord de jardins. Les premières maisons y surgirent dans la seconde moitié du XVIe siècle. Cent ans plus tard se tenaient déjà à Kampa les célèbres foires à la poterie.

60/ Entrée de la station de métro Malostranská. Les grilles forgées reprennent les motifs des enseignes des maisons de ce quartier pittoresque. Le jardin moderne devant le Manège du palais Wallenstein est animé de copies des sculptures baroques comme pour donner la réplique au décor des palais de Malá Strana. Une allégorie de l'*Espérance*, œuvre de Mathias-Bernard Braun, dont l'original se trouve à Kuks en Bohême de l'Est, orne le vestibule de la station.

61/ L'écho des bruits de la ciruculation se répercute par moments jusqu'à la rue Míšeňská, coin pasible de Malá Strana, voisin du pont Charles. Poursuivant notre promenade, nous pénétrons dans l'île de Kampa, avec son beau jardin public et une vue sur la Vieille Ville ou, du côté opposé de la rivière, sur Klárov avec la station de métro Malostranská.

62/ Pont Charles à vue d'oiseau, depuis la tour de la rive de Malá Strana. En bas à gauche, les toits de la maison Renaissance de 1597 à l'enseigne des *Trois autruches*. C'est ici que le premier café de Prague fut ouvert en 1714. La maison nouvellement restaurée qui conserve les restes du décor peint de sa façade et, à l'intérieur, les plafonds à poutres apparentes de la seconde moitié du XVIIe siècle, est transformée en hôtel de luxe.

63/ Ce relief du milieu du XIIIe siècle, aujourd'hui au premier étage de la maison Renaissance no 56/III, ancienne Douane, faisait partie du décor sculptural de la façade est de la tour du pont Judith du côté de Malá Strana. Ce premier pont en pierre sur la Vltava fut construit après 1165 et détruit par la crue des eaux en 1342. Le relief désigné sous le titre *Vassal et son seigneur* se rapporte vraisemblablement à l'acte de l'hommage par lequel Přemysl-Otakar II, alors héritier du trône de Bohême, se soumit, en 1254, au roi Venceslas Ier, son père, après l'échec d'une tantative de révolte.

64/ Le fameux Turc du groupe des Trinitaires garde la prison des esclaves chrétiens depuis plus de deux siècles. Le groupe, commandé par le comte François-Joseph Thun à Ferdinand-Maximilien Brokof, fut érigé sur le pont Charles en 1714.

65/ Tours d'accès au pont Charles du côté de Malá Strana. La plus basse d'entre elles, reconstruite en 1591, conserve un noyau roman. La plus haute fut bâtie, sur l'emplacement d'une tour romane, sous le règne de Georges de Poděbrady, en 1464. A droite, maison Renaissance de 1597 à l'enseigne des *Trois autruches*.

66/ Au cours d'une grande cérémonie le 9 juillet 1357, Charles IV posa la première pierre d'un nouveau pont sur la Vltava, l'actuel pont Charles. Le pont, bâti sur les plans de Peter Parler, a 516 m de long et 9,50 m de large. Terminé au début du XVe siècle, il remplaça le pont roman Judith, détruit par les eaux en 1342, qui avait relié les deux rives de la Vltava pendant près de deux cents ans.

67/ *Lion combattant la chimère*, console de la façade est de la porte bâtie avant 1411, sous le règne de Venceslas IV, entre les tours du pont Charles sur la rive de Malá Strana.

68/ Le pâté de maisons aux abords du pont Charles du côté de la Vieille Ville, reconstruit à la fin du XIXe siècle, comprend les restes des moulins qui avaient occupé cet emplacement dès le XIVe siècle, et les immeubles de l'ancien château d'eau avec la tour de 1489. La maison au premier plan, qui en faisait partie, abrite aujourd'hui les collections du musée Smetana.

69/ Place des Croisiers, une des plus belles de Prague, vue depuis l'île de Kampa. La sobre façade du premier baroque qui borde la rivière, œuvre de Carlo Lurago de 1661, appartient à l'ancien monastère des Croisiers à l'Étoile rouge. L'église à côté, dédiée à saint François, fut construite en 1680–1689 dans un style noble et harmonieux par Jean-Baptiste Mathey. Son dôme domine l'espace avec la tour du pont Charles des années 1380–1400 qui dissimule sur notre cliché le côté sud de la place. Au centre, la perspective est fermée par la façade de l'église Saint-Sauveur de 1601–1653, précédée par un portique à trois arcades de 1651–1653.

70/ La Fée porte-lumière de Karel Opatrný contemple les eaux de la Vltava depuis 1908. C'est cette année-là que fut terminé, dans le style très décoratif Art Nouveau, le pont Svatopluk Čech, œuvre de Jan Koula.

71/ Arcades Renaissance bordant la cour intérieure de la maison *Aux deux ours d'or*, connue surtout pour son beau portail également Renaissance. Récemment restaurée, cette maison où naquit le journaliste et écrivain

E. E. Kisch, est occupée par les bureaux de la direction du Musée municipal de Prague.

72/ La grille Renaissance du puits au milieu de la Petite place de la Vieille Ville, est une œuvre remarquable d'artisanat d'art de 1560.

73/ Une échappée sur la tour de l'Hôtel de Ville de la Vieille Ville entre les maison de la rue Melantrichova. Le tracé de cette rue se lit déjà dans le plus ancien plan médiéval. A la Renaissance s'y élevait la maison du célèbre imprimeur Georges Melantrich d'Aventinum qui lui a donné son nom.

74/ Grande fenêtre Renaissance de 1520, surmontée de l'inscription Praga caput regni – Prague capitale du Royaume – percée dans une des maisons gothiques réunies pour former l'Hôtel de Ville de la Vieille Ville.

75/ Hôtel de Ville, flanqué à son angle d'une tour carrée. A gauche, aux confins de la place de la Vieille Ville et de la Petite place, on voit la maison Renaissance *À la minute* de 1602. Les sgraffites de sa façade représentent des scènes bibliques et mythologiques. La statue du lion, néo-classique, remonte à la fin du XVIIIe siècle, époque où la maison fut occupée par la pharmacie *Au lion blanc.*

76/ L'horloge de la tour de l'Hôtel de Ville de la Vieille Ville fut construite par Nicolas de Kadaň en 1410 et remaniée par le maître Hanuš de la Rose en 1490. Le panneau du *Calendrier* orné de scènes de la vie paysanne, est une copie de l'œuvre de Josef Mánes de 1864.

77/ Vue plongeante de la tour de l'Hôtel de Ville sur le côte sud de la place de la Vieille Ville, bordé de façades Renaissance, mais datant pour la plupart du XVIIe et du XVIIIe siècle, restaurées à l'époque récente, qui appartiennent à des maisons encore gothiques.

78/ L'église Notre-Dame-devant-le-Týn fut fondée en 1365. Ses trois nefs sont précédées de deux tours de 80 m de hauteur, remontant à la fin du XVe siècle et au début du XVIe. Le pignon gothique tardif date de 1463. Les maisons bordant la place, avec de belles galeries gothiques aménagées du milieu du XIIIe siècle au XIVe, dissimulent dans leurs souterrains les restes des constructions romanes plus anciennes.

79/ La tourelle en encorbellement de l'ancienne chapelle du Carolinum est un bel exemple de l'architecture gothique de Prague des environs de 1370. Elle avait orné la maison que Jean Rothlev, grand maître de la Monnaie du Roi, avait offerte en 1383 à l'Université pour son plus ancien collège – collège Charles – l'actuel Carolinum.

80/ La statue de Jean Huss, œuvre de Ladislav Šaloun, fut érigée au centre de la place de la Vieille Ville à l'occasion du 500e anniversaire de la mort sur la bûcher du réformateur.

81/ L'hôtel Inter-Continental, rue Pařížská, construit en 1967–1974 selon le projet des architectes Karel Bubeníček, Karel Filsak et Karel Švec, représente l'établissement le plus moderne au cœur de la Vieille Ville.

82/ La synagogue Vieille Neuve, construite vers 1270, est le plus ancien édifice consacré au culte israélite en Europe et, en même temps, un monument précieux du premier gothique de Prague. Le vaisseau à deux nefs est couvert d'une voûte à cinq quartiers, s'appuyant sur deux piliers, dont on ne connaît pas d'autre exemple en Bohême. Au XIVe siècle, la synagogue fut dotée d'un narthex et de pignons en briques. Le bas- côté, réservé aux femmes, remonte au XVIIIe siécle.

83/ La statue du rabbin Jehuda Loew ben Bezalel – d'après une légende père du fameux Golem, homme de glaise miraculeusement animé – est une œuvre de Ladislav Šaloun, sculptée pour décorer un angle de la Nouvelle mairie juive. Cet édifice fut construit par l'architecte Osvald Polívka en 1908–1912 dans le style des dernières années de l'Art Nouveau.

84/ Le vieux cimetière juif, fondé au milieu du XVe siècle, comporte près de vingt mille pierres tombales, dont la plus ancienne remonte à 1439. Le cimetière servit jusqu'en 1787.

85/ Les échafaudages qui enferment les tours des églises Saint-Jacques et Notre-Dame-du-Týn témoignent des soins dont les monuments de Prague sont constamment l'objet. L'église Saint-Jacques, qui est la plus longue de Prague après la cathédrale Saint-Guy, fut bâtie dans le style gothique mais, ravagée par un incendie en 1689, elle devait être reconstruite en baroque, selon un projet de Jean-Simon Pánek. Cette église est célèbre pour ses concerts de musique spirituelle, mis en valeur par une excellente acoustique.

86/ Le cloître du monastère de la bienheureuse Agnès est la plus ancienne œuvre d'architecture gothique en Bohême parvenue jusqu'à nous. Dans ce vaste ensemble, édifié par les rois Venceslas Ier et Přemysl-Otakar II en 1234–1282, des fouilles ont été récemment effectuées. Restauré et partiellement reconstruit, il abrite les collections de peinture et d'artisanat d'art tchèques du XIXe siècle qui appartiennent respectivement aux fonds de la Galerie Nationale et du Musée des Arts Décoratifs de Prague.

87/ Arcades de la rue Havelská, au Moyen Age un marché important de la Vieille Ville. Les riches maisons gothique et Renaissance, dotées de façades du premier baroque, conservent leurs voûtes d'origine à nervures.

88/ Le grand magasin Prior-Kotva se range par son architecture, son équipement technique et le nombre de ses employés parmi les plus importans établissements de vente en Europe. Il fut construit en 1970–1975 d'après le projet de Věra et Vladimír Machonin.

89/ L'hôtel international Paříž, séparé de la Maison municipale par une rue étroite mais animée, est une intéressante architecture néo-gothique enrichie d'éléments Art Nouveau. Il fut construit en 1904 selon le projet d'Antonín Pfeiffer et Jan Vejrych. Les mosaïques en céramique de la façade sont dues à Jan Köhler.

90/ La Maison municipale fut bâtie en 1906–1911 par les architectes Osvald Polívka et Antonín Balšánek sur l'emplacement qu'avait jadis occupé la Maison du roi, résidence que Venceslas IV se fit élever dans la ville. La façade (sur notre cliché) présente une mosaïque de Karel Špilar, intitulée *Hommage à Prague*. Un angle de l'édifice est orné d'une statue du constructeur de la tour Poudrière, Mathieu Rejsek, œuvre de Čeněk Vosmík. Cette tour, attenante à la Maison municipale, fut fondée par le roi Vladislas Jagellon après 1475. Construite dans le style du gothique tardif, fortement endommagée lors du siège de Prague par les Prussiens, transformée en magasin à poudre au XVIIe siècle – d'où son nom – la tour fut restaurée dans le goût néo-gothique par Josef Mocker en 1875–1886.

91/ Le Théâtre Tyl fut édifié en 1781–1783 dans le style néo-classique, d'après le projet d'Anton Haffenecker, aux frais du comte François Nosticz. Ce théâtre vit, en 1787, la première de *Don Giovanni* de Mozart et, en 1834, celle de *Fidlovačka*, pièce de J. K. Tyl où l'on entendit pour la première fois le chant destiné à dévenir l'hymne national tchèque.

92/ L'achèvement des travaux de la ligne I B du métro de Prague a permis de détourner en partie la circulation du centre de la ville. Le carrefour Na můstku, jadis envahi par des véhicules de toute sorte, compte parmi les secteurs désormais réservés à l'usage exclusif des piétons. Le palais Koruna ou de la Couronne fut bâti selon le projet d'Antonín Pfeiffer de 1911.

93/ Tour du château d'eau de la Nouvelle Ville de 1495, sous son aspect actuel reconstruit après le bombardement de Prague par les Suédois en 1648. C'est d'ici que les tuyaux en bois distribuaient l'eau dans les fontaines de la Nouvelle Ville. Cette tour fut désignée également par le nom de Jan Šitka (†1451), propriétaire des moulins voisins qui devaient être démolis en 1930. L'édifice bâti sur leur emplacement par l'architecte Otakar Novotný, connu sous le nom de pavillon Mánes, est le siège de l'Union des artistes tchécoslovaques.

94/ Le quai de la Vltava aux abords du pont du Premier Mai est dominé par l'édifice du Théâtre National, chef-d'œuvre de l'architecture tchèque du XIXe siècle. La construction, commencé selon le projet de Josef Zítek, fut terminée par Josef Schulz en 1868–1881. Toutes les couches de la population ont souscrit à une cotisation pour réunir la somme nécessaire en vue de cette énorme entreprise.

95/ Eglise de l'ancien monastère d'Emmaüs, fondé par Charles IV en 1347 pour les moines bénédictins de rite slavon et destiné à devenir un important centre de rayonnement culturel. Le cloître est orné de précieuses peintures gothiques des environs de 1360. Peu avant la fin de la Seconde Guerre mondiale, le monastère fut gravement endommagé par des bombardements. La façade moderne surmontée de tours est une œuvre de l'architecte František M. Černý de 1967.

96/ Des légendes entourent ces trois pierres allongées et sobrement travaillées dans le jardin Karlach au château de Vyšehrad. Il s'agit peut-être des restes des colonnes d'origine et de destination inconnue.

97/ Le deuxième château de Prague, Vyšehrad, fut bâti au-dessus de la Vltava pour défendre, à son extrémité sud, la vallée où s'étendait la ville. Il servit de résidence successivement aux princes, à partir du Xe siècle, et aux rois de Bohême, à partir du siècle XIIe. Charles IV, bien conscient de l'importance stratégique du site, l'entoura de vastes fortifications gothiques, avec une puissante porte-tour. En 1420, le château fut détruit par l'armée hussite. L'espace entre les anciens remparts se couvrit alors de maisons d'un modeste bourg. En 1654, cependant, Vyšehrad fut re-construit et transformé en citadelle baroque dont les murailles en briques existent encore.

98/ Le cimetière de Vyšehrad renferme les tombeaux d'éminents repré-sentants de la culture et de la science tchèques. La conception d'ensemble du cimetière est due à l'architecte Antonín Wiehl. L'espace est dominé par Slavín, panthéon consacré aux hommes ayant mérité de la nation, qui est orné de sculptures de Josef Mauder de 1892.

99/ Tour de l'Hôtel de Ville de la Nouvelle Ville, bordant le côté nord de la plus vaste place de Prague. Cette place fut créée en 1348, au moment de la fondation de la Nouvelle Ville par Charles IV, et plantée d'arbres en 1843–1863. La tour remonte aux années 1452–1456. La statue du pré-dicateur Jean Želivský, devant l'Hôtel de Ville, rappelle la première défenestration de Prague qui a marqué, en 1419, le début des guerres hussites.

100/ La Maison des Syndicats tchécoslovaques, bâtie en 1930–1932 par les architectes Josef Havlíček et Karel Honzík, fut entre-deux-guerres l'im-meuble le plus moderne de Prague. La statue d'Antonín Zápotocký, premier président des Syndicats et plus tard président de la République qui orna ses abords en 1978, est une œuvre de Jan Simota.

101/ Dôme surmontant la façade principale de la Maison municipale de Prague (cf. légende 90). Les intérieurs de cet édifice Art Nouveau, dont la vaste salle Smetana, sont décorés de sculptures et de peintures dues aux plus célèbres artistes du début du siècle.

102/ Le Musée Vladimir Ilitch Lénine, rue Hybernská, occupe un palais du premier baroque des environs de 1660. Acheté en 1907 par la Coopé-rative ouvrière, il entra dans l'histoire sous le nom de la Maison popu-laire. En 1912, ce palais vit la VIe Conférence du parti social-democrate ouvrier de Russie, présidée par Lénine. En décembre 1920, la lutte pour la possession de la Maison populaire précéda de peu la fondatoin du Parti communiste. La façade de l'édifice, aménagé en musée dans les années 1950–1952, est ornée de reliefs en forme de lunettes, présentant les scènes de la vie de Lénine. Le buste de Lénine est l'œuvre de Jan Lauda, artiste nationale.

103/ Une vue depuis l'esplanade du Musée National sur la place Venceslas, centre animé de la vie de Prague. Les statues allégoriques qui entourent la personnification de la Bohême, sont dues à Antonín Wagner.

104/ La maison dite *Pharmacie Adam*, construite selon un projet de Matěj Blecha, est un exemple de l'architecture harmonieuse d'avant la première guerre mondiale. L'édifice moderne à côté, Maison de la Chaussure, est une œuvre de Ludvík Kysela de 1928–1929.

105/ Elevé en 1885–1890 dans le style de la Néo-Renaissance tchèque d'après le projet de Josef Šulc, le Musée National domine la place Venceslas. Sur son emplacement l'avait précédé la porte dite des Chevaux, ménagée dans l'enceinte de la Nouvelle Ville, démolie dès 1875. La place Venceslas, le plus grand boulevard de Prague long de 682 m et large de 60 m, fut agrémentée de fleurs et de verdure en 1982 et 1986, après que la mise en service du métro de Prague eut permis d'écarter de cet espace toutes les lignes des transports en commun.

106/ Le hall central du Musée National est orné de sculptures de bronze dues à Antonín Popp et Bohuslav Schnirch. Les murs, au-delà des arcades, présentent une suite de seize châteaux de Bohême, peintures de Julius Mařák.

107/ L'immeuble de l'Assemblée fédérale de la République Socialiste Tchécoslovaque, construit en 1967–1972 selon le projet d'un groupe d'architectes dirigé par Karel Prager, englobe l'édifice plus ancien de la Bourse de Prague, œuvre de Jaroslav Rössler de 1936–1938. L'avenue de la Victoire de Février est un tronçon du nouveau réseau circulaire des communications urbaines.

108/ De nouvelles dominantes s'élèvent dans le voisinage immédiat du Musée National. L'architecture de l'immeuble du ministère fédéral des combustibles et des ressources énergétiques, est basée sur l'effet de contraste: un couronnement pesant en acier se superpose à des parois vitrés. Le projet, réalisé en 1977, est dû à Vladimír Aulický, Jiří Eisenreich, Ivo Loos et Jindřich Malátek.

109/ La station Leninova, terminus très animé de la ligne A du métro de Prague, est longue de 257 m et large de 19 m. Pour sa plus grande partie, elle est située sous le débouché de l'avenue Leninova dans la place Říjnové revoluce ou de la Révolution d'Octobre, dans le quartier de Dejvice.

110/ Ce relief de Josef Malejovský ornant la grande porte en bronze du Monument de la libération nationale à Žižkov, représente Jean Žižka au cours de la fameuse bataille de 1420 où le chef hussite remporta une éclatante victoire sur les Croisés.

111/ Le Monument de la libération nationale sur le mont Žižkov, construit par l'architecte Jan Zázvorka en 1929–1932, est destiné à recevoir les cendres des grands fils de la classe ouvrière. Il renferme également les tombes des Soldats inconnus tchécoslovaque et soviétique. La statue équestre de Jean Žižka, œuvre de Bohumil Kafka, rappelle la victoire que le général hussite remporta sur les Croisés à cet endroit en 1420.

112/ Une vue sur la Vltava depuis la plaine de Letná, aménagée en jardin public en 1953–1956 par un groupe d'architectes sous la direction de Vlastimil Durdík. Au premier plan, chapelle Sainte-Marie-Madeleine, sanctuaire baroque de 1635, plus loin pont Mánes reliant Klárov à la Vieille Ville, au fond de la perspectives arches gothiques du pont Charles. A droite, la colline de Petřín.

113/ Ancien champ de tir militaire de Kobylisy qui servit sous l'occupation de champ d'exécutions. Transformé en lieu de pèlerinage à la mémoire des victimes fusillées ici par des nazis, il fut aménagé sous son aspect actuel en 1975. La statue de la *Femme en deuil* est une œuvre de M. Zet.

114/ Place des Tankistes soviétiques, Prague-Smíchov. Le char blindé n° 23 fut érigé sur son socle au centre ce cet espace pour rappeler la libération de Prague par l'Armée soviétique, le 9 mai 1945.

115/ La nouvelle cité de Zahradní město fut construite de 1966 à 1970, selon un projet des architectes Gorazd Čelechovský et Jiří Homas.

116/ Aérogare de la Compagnie d'aviation tchécoslovaque à Ruzyně, construite d'après le projet élaboré par les membres de l'Institut d'architecture militaire de Prague. Le nouvel aéroport, édifié en 1959–1968 entretient les liaisons avec cinquante villes du monde; il reçoit quelque 57 mille avions et plus de 2 milions de passagers par an.

117/ L'immeuble moderne de l'entreprise du commerce extérieur Koospol à Vokovice, élevé en 1975–1976 d'après le projet de Vladimír Fencl, Stanislav Franc et Jan Nováček, est heureusement adapté à son site.

118/ Le pavillon Hvězda fut construit en 1555–1556 d'après le projet de son bâtisseur, Ferdinand de Tyrol, par les Italiens Giovanni Aostalli et Giovanni Luchese. Les plafonds du rez-de-chaussée sont richement ornés de stucs représentant des scènes mythologiques. Restauré en 1945–1951 par l'architecte Pavel Janák, le pavillon est aujourd'hui occupé par le Musée Miloláš Aleš – Alois Jirásek. Non loin de cet édifice, l'armée des Etats de Bohême fut écrasée dans la tragique bataille de la Montagne Blanche, le 8 novembre 1620.

119/ Le ruisseau de Šárka passe sous la digue du réservoir Džbán, aménagé en piscine de natation selon le projet de Zdeněk Drobný. Il continue ensuite son cours au fond du ravin Šárka la Sauvage, site protégé aux abords de Prague.

120/ La cité de Červený vrch s'étend de part et d'autre de l'autoroute reliant la capitale à l'aéroport de Ruzyně. L'édification de ce vaste ensemble commença en 1958, d'après le projet établi par un groupe d'architectes sous la direction de Milan Jarolím.

121/ Immeuble de l'entreprise du commerce extérieur Kovo à Holešovice, construit en 1977 selon le projet de Zdeněk Edel, Luděk Štefek, Josef Matyáš et Pavel Štech. La conception de sa façade tire profit de l'effet réfractaire et climatisant des grandes surfaces de verre.

122/ La réserve royale dite Stromovka fut fondée dans la première moitié du XIVe siècle par Jean l'Aveugle de Luxembourg. A la Renaissance, on y creusa un étang artificiel, alimenté avec de l'eau qu'un canal souterrain, appelé galerie Rodolphe, amenait de la Vltava. En 1804, le comte Charles-Rodolphe Chotek prit l'initiative d'ouvrir cette réserve au public.

123/ Le palais des Congrès, à l'origine palais de l'Industrie, fut élevé, en l'espace de cinq mois, par Bedřich Münzberger pour l'Exposition anniversaire de Prague de 1891. Sa charpente métallique pèse 800 tonnes. Restauré en 1952–1956 par l'architecte Jan Smetana, il servit de cadre à d'importantes manifestations politiques (congrès historique des conseils ouvriers en février 1948, Xe à XVe congrès du Parti communiste).

124/ La salle des fêtes du palais de Troja est richement ornée de peintures murales et plafonnantes de 1690–1697, œuvres de l'artiste anversois Abraham Godin. Le palais construit en 1679–1685 par Jean-Baptiste Mathey, représente une interprétation parfaitement réussie du thème de la villa suburbaine. Un bel escalier décoré de groupes de *Géants combattant contre les dieux* précède la façade sur le jardin. Le jardin du palais fut le premier en Bohême à être aménagé à la française.

125/ Le restaurant Praha Expo, selon le projet de František Cubr, Josef Hrubý et Zdeněk Pokorný, s'élevait d'abord à côté du pavillon tchécoslovaque à l'EXPO 1958 à Bruxelles. En 1960, il fut transféré à l'orée du jardin public Letná d'où l'on jouit d'une admirable vue sur le bassin pragois et la Vltava.

126/ L'ensemble de la Centrale des Télécommunications dans le quartier de Žižkov est dominé par une haute tour, élément nouveau de la silhouette de Prague. La Centrale, construite d'après un projet de František Cubr, Josef Hrubý, Zdeněk Pokorný, František Štráchal et Vladimír Oulík, fut mise en service en 1980.

127/ L'immeuble de l'entreprise Centrotex à Prague-Pankrác surgit à l'entrée d'une station de la ligne C du métro en 1974–1978. Le projet de l'édifice est dû à Václav Hilský.

128/ Les sculptures modernes peuvent parfois valoriser l'architecture des grands ensembles. En témoigne cette fontaine des *Lointains*, œuvre de J. Novák de 1970.

129/ La piscine couverte de Podolí fut bâtie en 1959–1965, d'après le projet de Richard Podzemný et Gustav Kuchař, sur l'emplacement d'une cimenterie. Les rochers d'une ancienne carrière protègent la terrasse où les nageurs se reposent.

130/ Le pont Klement Gottwald, bâti en 1967–1973 selon le projet de Vojtěch Michálek et Stanislav Hubička, représente pour nous, avec le Palais de la Culture, un symbole de l'édification de Prague dans les années 1970. Le Palais de la Culture, dû au projet de Jaroslav Mayer, Vladimír Ustohal, Antonín Vaněk et Josef Karlík, terminé en 1981, est en Tchécoslovaquie l'établissement tout à fait unique par son équipement et par ses dimensions : il peut accueillir à la fois plus de 5000 personnes.

131/ Le nouvel immeuble de la clinique urologique de l'Université Charles à Karlov fut construit en 1976, selon le projet de Vratislav Růžička et Boris Rákosník.

132/ Le pavillon chinois, sur les terres de la ferme Cibulka à Košíře, fut jadis orné de clochettes suspendues à son toit, qui résonnaient dans le vent. Cette ferme, fondée après 1817, est entourée d'un jardin paysager, animé de fabriques et de curieuses sculptures qui attendent leur restauration.

133/ Collection de la sculpture moderne de la Galerie Nationale au château – à l'origine maison abbatiale – de Zbraslav. Le plafond de la salle sur notre cliché est orné de peintures de Venceslas-Laurent Reiner (1728) et de François-Xavier Palko (1743). L'abbaye de Zbraslav fut fondée au XIIIe siècle et détruite pedant les guerres hussites. Sa reconstruction, entreprise selon le projet de Jean Santini-Aichl à partir de 1709, s'acheva après 1724 sous la direction de François-Maximilien Kaňka.

134/ Le stade Evžen Rošický est un des trois terrains de sport aménagés à Strahov après 1932. Le vaste ensemble fut pour la dernière fois agrandi et reconstruit en 1978, pour le Championnat d'Europe d'athlétisme.

135/ Aux abors du pont Klement Gottwald à Pankrác surgissent les dominantes du Prague socialiste. Au-delà des tours de l'église Saint-Pierre-et-Saint-Paul à Vyšehrad apparaissent le monumental Palais de la Culture (cf. légende 130), le bâtiment solide de l'entreprise du commerce extérieur Centrotex, l'immeuble-tour de l'entreprise du commerce extérieur Motokov et la silhouette de l'hôtel de luxe Panorama. Ces constructions marquent les stations de la ligne C du métro, dont le terminus, la station Kosmonautů, est visible au fond à gauche.

136/ Panorama de Prague depuis le mont de Žižkov avec la silhouette du Château – symbole de l'Etat tchécoslovaque – et les contours blancs des cités résidentielles de la nouvelle capitale socialiste au fond de la perspective.

137/ Un jardin fleuri au pied de la colline de Petřín. Le vase fut créé pour orner le pavillon royal à l'Exposition anniversaire de Prague de 1891.

Notre couverture :

Le Château de Prague, symbole de l'Etat tchécoslovaque.

Détail du décor en stuc d'une terrasse du palais Vrtba à Malá Strana.

Autoři obrazové části

Milada Einhornová

Obálka přední a zadní, 2, 4, 8, 10, 24, 28, 29, 30, 32, 34, 38, 40, 41, 42, 43, 46, 48, 50, 51, 53, 56, 58, 60, 61, 62, 69, 70, 71, 73, 74, 75, 76, 79, 80, 81, 84, 89, 91, 92, 95, 99, 100, 101, 102, 103, 107, 109, 110, 111, 113, 117, 118, 119, 120, 121, 122, 123, 125, 126, 128, 129, 130, 135, 136, 137

Erich Einhorn

1, 3, 5, 6, 7, 9, 11, 12, 13, 14, 15, 16, 17, 18, 19, 20, 21, 22, 23, 25, 26, 27, 31, 33, 35, 36, 37, 39, 44, 45, 47, 49, 52, 54, 55, 57, 59, 63, 64, 65, 66, 67, 68, 72, 77, 78, 82, 83, 85, 86, 87, 88, 90, 93, 94, 96, 97, 98, 104, 105, 106, 108, 112, 114, 115, 116, 124, 127, 131, 132, 133, 134

Čísla odkazují na průběžné řazení snímků, jak jsou uvedeny v knize.

OBSAH

Úvodem 7/   Obrazová příloha 36/   Vysvětlivky 173/

Содержание
Предисловие   15/   Художественное приложенние   36/
Примечание   192/

Inhalt
Vorwort 22/   Bilderbeilage 36/   Erläuterungen 214/

Contents
Introduction   28/   Illustrated supplement   36/   Captions   237/

Contenu
Introduction   32/   Illustrations   36/   Commentaire   257/

MILADA A ERICH EINHORNOVI
ZLATÁ PRAHA

Úvod napsal národní umělec Jaroslav Seifert
Uměleckohistorický katalog sestavil PhDr. Bedřich Tykva
Cizojazyčné texty přeložili:
Jelena Rjuriková (do ruštiny), Marie Vaníčková a ing. Lev Lauermann
(do němčiny), Joy Moss-Kohoutová (do angličtiny) a Růžena Semrádová
(do francouzštiny).
Obálku, a grafickou úpravu navrhl Jiří Skácel.
Vydalo nakladatelství Panorama
jako svou 4525. publikaci.
Edice Pragensia.
Odpovědný redaktor Pavel Keclík,
výtvarná redaktorka Věra Běťáková,
technická redaktorka Alena Suchánková.
Ze sazby písmem Gill vysadila Svoboda, grafické závody, n. p.,
S. M. Kirova 43, Praha 5-Smíchov.
Vytiskly Moravské tiskařské závody, n. p.,
Lidových milicí 5, Olomouc.
280 stran včetně 137 barevných snímků.
AA 18,54   VA 19,42   402-22-825
2. doplněné vydání. Praha 1989.
Náklad 80 000 výtisků.
09/18 11-039-89
Cena brož. výtisku 49 Kčs.

ZLATÁ PRAHA / ЗОЛОТАЯ ПРАГА / GOLDENES PRAG
GOLDEN PRAGUE / PRAGUE, VILLE DORÉE

PANORAMA

ISBN 80-7038-013-6